Die Zweifaller Geschäftswelt

Die Zweifaller Geschäftswelt

Band 2
Gastronomie
Heute und Gestern
(ca. 1900–2021)

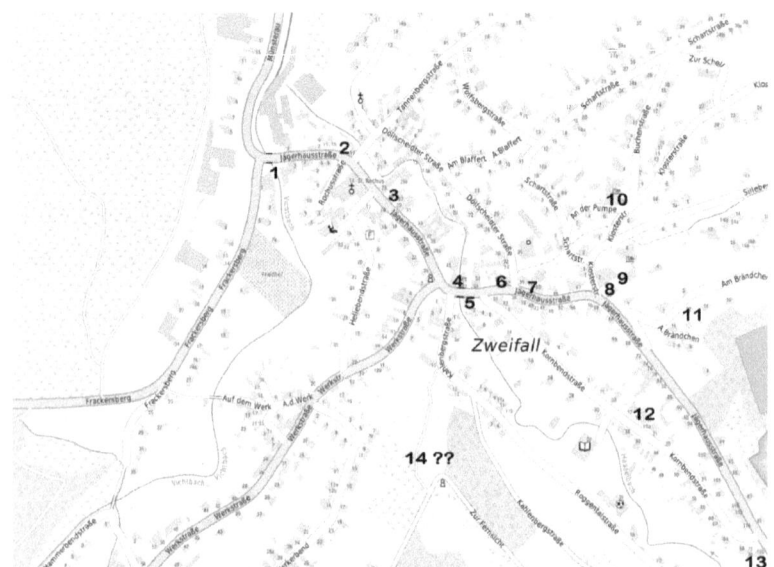

Bild 1: Karte Zweifall

1   Galmei
2   Zweifaller Grill
3   Gasthof zur Post
4   Gaststätte Schnitzler
5   Gaststätte Julius Bungenberg
6   Gaststatte Koch/Rary
7   Zana's Grill/Eifelstübchen
8   Restaurant zum Walde
9   Hotel zum Walde
10 Rochuskeller
11 Haus Wilhelmshöh
12 Gaststätte Knorren
13 Haus Solchbachtal
14 Gaststätte »Zur Erholung« G. Müller

Inhaltsverzeichnis

Die Zweifaller Geschäftswelt im zwanzigsten Jahrhundert

Mit der dritten Ausgabe über die Zweifaller Geschichte im letzten Jahrhundert befasst sich die Abteilung Geschichte der IG Unser Dorf Zweifall mit der Gastronomie.

In dieser Ausgabe geht es um die Gaststätten des Dorfes.

Wir haben lange recherchiert und mehrere Zweifaller befragt, um zu diesem Ergebnis zu kommen.
Viele Informationen basieren auf den Informationen Zweifaller Bürger.
Es erhebt keinen Anspruch auf Vollständigkeit.
Falls etwas vergessen wurde oder nicht richtig ist, bitten wir dies zu entschuldigen.
Wenn etwas korrigiert werden muß oder hinzuzufügen ist, teilen Sie es uns bitte mit.

Wir danken Allen, die uns mit Informationen, Bildern und Textbeiträgen unterstützt haben

Galmei

Vormals Gastwirtschaft Frings/Gigo
Adresse: Frackersberg 1

Das Haus wurde von Bernard und Anna Hubertina Bengel geb. Dujardin im Jahr 1863 erbaut. Der Sohn, Johann Bengel, geb. 10.09.1863 in Zweifall, war Lehrer und Rektor. Er ist auch Autor des Buchs »Das Dorf Zweifall im Vichttale« von 1922.
Er änderte seinen Nachnamen in »Bendel«.
1893 heiratete er Maria Schumacher, die am 10. Juli 1921 verstarb.
Am 1. Oktober 1928 trat er in den Ruhestand ein. Er starb am 19.07.1947 in Köln.

Vermutlich existierte nach Fertigstellung des Hauses auch schon das »Gasthaus Bengel«. Ab 1900 gab es einen balkonartigen Anbau an der Bachseite. Dort entstand auch eine Kegelbahn. Hinter dem Haus war ein Biergarten.
Laut einer Postkarte vom 11.09.1901 war der Inhaber/Pächter der Restauration ein Mart(in) Wiertz. Weiteres konnte zu dieser Person leider nicht ermittelt werden.
Wahrscheinlich war Johann Bendel bis zur Hälfte der 1920ziger Jahre Besitzer des Gebäudes. Danach übernahm die Familie Frings das Haus. Aus erster Ehe mit Katharina geb. Brand, hatte Gottfried Frings drei Kinder. Seine zweite Frau Maria Elisabeth, geborene Gigo, war vor der Heirat mit Gottfried, seit 1928, als Haushaltshilfe bei ihm angestellt. Im Februar 1932 heiratete Gottfried die Haushaltshilfe Maria Elisabeth. Sie hatte einen unehelichen Sohn (Josef). Gottfried Frings (geboren 08.11.1877) starb 1937 an einer Lungenentzündung.
Die drei Kinder von Gottfried Frings wollten die Wirtschaft verpachten. Das wollte Elisabeth

Frings (auch Tant Lisa genannt) nicht und hat das komplette Anwesen 1937 den Kindern für viele Goldmark abgekauft.

Josef Gigo wurde 1920 geboren. 1938 wurde er, mit 18 Jahren, aus dem Studium an der Aachener Musikschule zum Militär eingezogen. Er geriet 1943 in Kriegsgefangenschaft. Im September 1949 kam er aus der Gefangenschaft zurück nach Zweifall und nahm 1950 sein Studium in Aachen wieder auf. Er bestand die Prüfung zum Organisten, Chorleiter und Küster mit der Note »sehr gut«.

1958 haben Anna, geborene Braun, und Josef Gigo geheiratet. Im Juni 1996 ist Josef verstorben.

Bei der Sprengung der Brücke am 12. und 13. September 1944 durch die deutsche Wehrmacht wurde das Haus erheblich beschädigt. Fenster, Dach und auch die Kegelbahn fielen der Sprengung zum Opfer. Ab 1947 wurde das Haus von der Gastronomin Elisabeth Frings unter erheblichem Aufwand wieder instandgesetzt. Dazu war eine Kreditaufnahme unumgänglich.

1960/61 begann der Erweiterungsbau (Richtung Biergarten) mit vier Fremdenzimmern. Der Biergarten wurde 1965 aufgegeben.

Im Lokal befand sich ein Billardtisch, der bei Bedarf (z.B. Kirmes), abgebaut wurde, um eine Tanzfläche zu schaffen. Bis Mitte der 1960ziger Jahre wurde weiter ausgebaut. Ein Saal wurde angebaut, zuerst mit Flachdach, jedoch mit der Option darauf weitere Fremdenzimmer bauen zu können. Danach wurden neue Toiletten in einem Anbau installiert. Es folgten die Kegelbahn und die Fremdenzimmer über dem Saal. Insgesamt hatte man jetzt zehn Fremdenzimmer. Außerdem wurde ein Profi-Billardtisch angeschafft. Das Alles wurde bis Anfang der 70ziger Jahre bewerkstelligt.

Ab 1965 wurde hinten im Garten ein Wohnhaus errichtet. Josef wollte ein Haus für die Familie haben, falls mal etwas mit der Gastronomie nicht mehr läuft, hätte er eine Sicherheit. Damit war der Biergarten gänzlich Geschichte.

Von 1967 bis 1976 war die Gastronomie an mehrere (drei) Pächter verpachtet, unter anderem ca. ein Jahr an Herrn Sommer (Sommerbetriebe Aachen) und danach an Kathi und Johann Bündgens (Eschweiler), es wurde damals nur die Wirtschaft verpachtet. Johann war von Beruf Stukateur und Kathi arbeitete vorher als Buchhalterin. Der 3. Pächter ist namentlich nicht mehr bekannt.

Ab 1976 führten Anna und Josef Gigo die Gaststronomie und Fremdenzimmer wieder in Eigenregie.

1984 kauften Matthias und Doris Nellissen das Anwesen. Dabei wurde das Grundstück mit Wohnhaus und Hotel von der Gastronomie und den Fremdenzimmern getrennt.

Hans Jaquet, der davor schon eine Eisdiele in Zweifall hatte, hat 2010 das Haus gekauft. Jetzt führt er die Gastronomie und den Hotelbetrieb unter dem Namen Hotel-Restaurant »Galmei«.

In den 1920ziger Jahren gab es an der Straßenseite »Im Erft« eine Tankstelle mit einer Säule. Die Tanksäule wurde auch »Eiserne Jungfrau« genannt. Von wann bis wann diese existierte konnte nicht ermittelt werden.

Die Fassade der Gastronomie ist seit Juli 1990 eingetragenes Baudenkmal der Stadt Stolberg (Quelle: Toni Dörflinger).

Pocken und Karneval im anderen Territorium

Der Saal der Wirtschaft wurde 1962 Schauplatz einer ganz besonderen Karnevalsfeier. Im Kreis Monschau, wozu ein Großteil des heutigen Stadtteils Zweifall gehörte, waren wegen einer Pockenepidemie in den ersten Monaten des Jahres 1962 Großveranstaltungen verboten, und das ausgerechnet zu Karneval! Aber die Zweifaller umgingen das Verbot, indem sie ihre Karnevalsfeier in den Kreis Aachen verlegten, zu der die Gaststätte, als ein Teil der Gemeinde Kornelimünster, gehörte. Schließlich war der Kreis Aachen wegen der zu erwartenden geringen Infektionsgefahr von dem Verbot nicht betroffen. Eine Situation, die mit der derzeit herrschenden Pandemie vergleichbar ist. Quelle: Kupferstadtmagazin Juli 2020, Toni Dörflinger

Fußball Geschichte

Bis 1928 war die Gaststätte Frings Vereinslokal des Fußballvereins »Sparta Zweifall«. In diesem Jahr wurde von den Zweifaller Fußballern der Schiedsrichter wegen Unstimmigkeiten in den Bach geworfen. Daraufhin wurde der Verein lebenslang gesperrt.

Erst 1937 gründete sich ein neuer Fußballverein, der »VFL Zweifall«. Vereinslokal war die Gastwirtschaft Koch.

Unsere Quellen zu diesem Text:
Hubert Ramers, Anna Gigo, Toni Dörflinger, Das Kupferstadtmagazin 07/08 2020 Abschnitt 2, Wikipedia,

Bild 2: Frackersberg 1

Bild 3: Im Wirtshausgarten 1916

11

Bild 4: Gastwirtin »Tant Lisa« und Maria Braun im Bild rechts die Tanksäule

Bild 5: Eingangstür mit Grundstein

Bild 6: Grundstein

Bild 7: Foto aus den 1980er Jahren

Bild 8: Der derzeitige Inhaber Hans Jaquet

Restaurant Wwe. Frings

Das beliebte Lokal an der Straßenbahn-Haltestelle

Gepflegte Getränke   Prima Essen

Fremden-Zimmer

Bild 9: Werbung aus 1954

14

Hotel Frings-Gigo

Frackersberg 1-3 - An der Brücke
5190 Stolberg-Zweifall - Telefon (02402) 71138
unterstützt hiermit den Eifelverein Zweifall

Bild 10: Werbung aus 1984

Bild 11: Ansicht Oktober 2020

Hotel
Restaurant
Cafe

Frings

Inh. Kathi Bündgens

ZWEIFALL - An der Brücke

Ruf 02402 - 71138

- Kegelbahn
- Gesellschaftsraum
- Gute Küche

Im Ausschank:
Bitburger Pils - Ketschenburg Pils
Diebels Alt - Gaffel Kölsch

Bild 12: Werbung aus 1976

Zweifaller Grill – Imbiss

Adresse: um 1900 Provinzialstraße, danach Hauptstr. 75, heute Jägerhausstr. 19

Das Haus wurde um 1890 erbaut. Nach der Schließung des Kaufhauses Wiegelmann/Jansen in den 1970ziger Jahre (genaues Datum ist nicht bekannt), waren in den Geschäftsräumen immer Imbissstuben ansässig. Es sind leider nicht mehr alle Pächter bekannt. Durch deren Anzeigen in alten Festschriften konnten wir folgende Pächer finden:
- Essecke Rose
- Gaststätte Eifelland
- Zweifaller Imbiss

2003 hat Ali Yazgan den »Zweifaller Grill« eröffnet.
    Im November 2019 hat Mehmet Tutlu dem Imbiss übernommen.

Unsere Quelle zu diesem Text:
Rolf Hansen

Bild 13: Foto entstanden um 1900

Bild 14: Ansicht, undatiert

18

Bild 15: Bild aus 2020

Bild 16: »Zweifaller Grill« 2020

Speisegaststätte
»Eifelland«

Inh. Angelika Offermann

Zweifall · Jägerhausstr. 19 · Tel. 71844

Bild 12:

Bild 17: Werbung aus 1976

20

Bild 18: Werbung aus 1976

Bild 19: Werbung aus 2018

Gasthof zur Post

Adresse: Jägerhausstr. 23, früher Hauptstr. 51, davor Wohnhaus Nr. 51 an der Provinzialstraße (Katasterkarte von 1913)

Das Haus wurde 1877 erbaut. Der Saal war von Anfang an im Gebäude, rechts hinter dem Vorderhaus gab es Stallungen.

Laut Verzeichnis von 1913 hat Franz Wirtz (oder Wiertz, siehe Postkarte anbei) eine Postagentur in der Gastwirtschaft betrieben.

Im Jahr 1924 oder 1929 übernahm die Familie Peter Wirtz (aus dem Erft) die Wirtschaft bis nach dem 2. Weltkrieg.

Danach kauften Karl und Pia Wunsch die Gaststätte. Sie haben auch den Raum für die Toiletten zu-, bzw umgebaut. Dieser war damals noch zur Hofseite offen, mit Ablaufrinne und Toilettenhäuschen.

Der Biergarten existierte schon vor dem Krieg. Siehe Bild anbei von 1935. Die Terrasse am Bach, unter der linken Hälfte des Saales (siehe Bild), existierte noch bis 1952. Sie wurde dann im Zuge von Umbaumaßnahmen überdacht.

Später wurde die Wirtschaft von ihnen an mehrere Gastwirte vermietet.

Kurzzeitig (um 1954) war ein Herr Möller dort Gastwirt (siehe Genehmigung Instrumentalverein Mai 1954). Er war über die »Sommerbetriebe Gesellschaft Aachen« als Wirt eingesetzt.

Ab Dezember 1955 übernahm Jakob Höner (aus Duisburg) den Ausschank.

Von 1956 bis Mitte 1959 war die Familie Transfeld in der Wirtschaft als Pächter.

- 1959 übernahm ein Herr Böhlen die Wirtschaft, aber nur für ca. zwei Jahre.

Für ein halbes Jahr war danach Willi Knorren Pächer der Gastwirtschaft.

Am 18.04.1961 kaufte die Familie Mohrfeld (Bruno und Elisabeth) das Haus und führten die Gastronomie weiter.

Im April 1967 übernahm die Tochter Herta Frösch den Betrieb.

1972 bekam der Saal einen neuen Zugang (Anbau Treppenhaus). Bis dato erfolgte der Zugang über die Treppe hinter dem Haupteingang. Oben links ging man an der jetzigen Theke vorbei in den Saal. Umbaumaßnahmen erfolgten durch die Familie Frösch im Schankbereich. Auch die Wände zum kleinen Saal im hinteren Bereich der Theke wurden verändert.

Im Jahre 2017 feierte Herta Frösch ihr 50zig jähriges Betriebsjubiläum. Ihr Sohn Berthold führt die Theke, wobei sie den Küchenbetrieb aufrecht erhält.

2022 konnte Herta ihren 80sten Geburtstag feiern.

Unsere Quellen zu diesem Text:
Herta Frösch, Hubert Ramers, Bürgermeisterei Verzeichnis 1913 – Katasterplan von 1913

Bild 20: Postkarte aus 1901

Bild 21: Postkarte aus 1917

Bild 22: Im Wirtshausgarten bei Wirtz/Wunsch 1935

Gasthaus zur Post
INH.: C. WUNSCH. ZWEIFALL

FREMDEN-ZIMMER
Schöne Säle für Vereine und Gesellschaften
BUNDESKEGELBAHN und BILLARD
Fernruf 2942 Amt Stolberg

Bild 23: Werbung aus 1952

Bild 24: »Gasthof zur Post« 1952

Bild 25: Gartenanlage mit Veranda 1952

Bild 26: Ansicht 1975

Bild 27: Ansicht 1990

28

Bild 28: Ansicht 1990

Bild 29: Postkarte aus 1898 (Gruß aus Reinfall bei Zweifall)

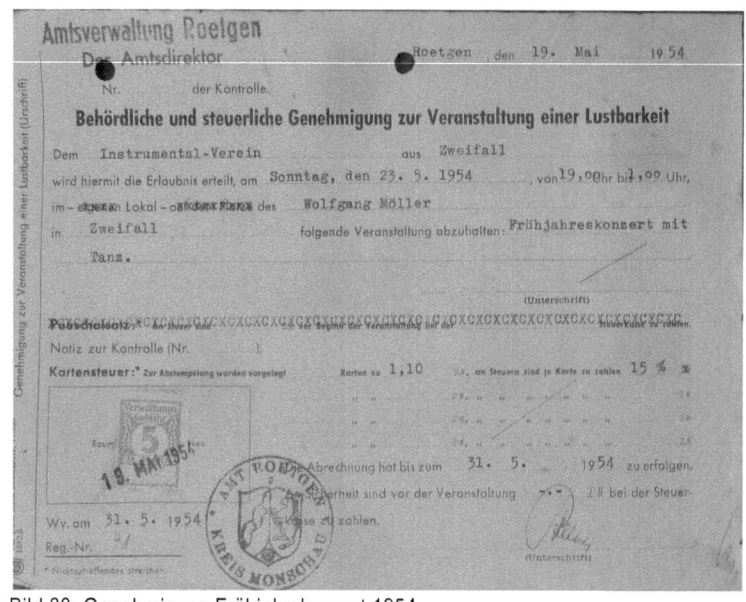

Bild 30: Genehmigung Frühjahrskonzert 1954

Bild 31: Postkarte aus ca. 1900

Bild 32: Werbung undatiert

Bild 33: Wirtin Hertha mit Sohn Berthold

31

Bild 34: Ansicht aus 2020

Bild 35: Ansicht aus 2020

Gaststätte Schnitzler

Adresse: Jägerhausstr. 45, ehemals Hauptstr. 42, vorher Haus Nr 27.

Wann das Haus gebaut wurde, konnten wir nicht ermitteln. Ein Bild von 1912 zeigt die Wirtschaft mit Gästen. Wegen der Girlanden auf dem Bild könnte es sich um die Eröffnung oder eine Feierlichkeit handeln.

August Schnitzler war damals der Besitzer der Gastwirtschaft. Im Dezember 1927 überschrieb er das Anwesen seinen drei Kindern (Anna, Helena, Franz). Am 7.2.1928 erhielten sie die Genehmigung zum Ausschank und Franz Schnitzler übernahm offiziell die Führung der Wirtschaft bis 1957. Der Biergarten war ein beliebter gut besuchter Ort, große Bäume spendeten im Sommer Schatten.
Nachfolgender Pächter war Willi Knorren von ca. 1957 bis 1964. Er hatte zuletzt viele Spielautomaten, Flipper und eine Tischkegelbahn im Geschäft. Dann baute Wilhelm Knorren in der Kornbendstraße 21 ein Wohnhaus und eröffnete darin sein eigenes Restaurant.
Weitere Besitzer der alten Schnitzler Gastronomie waren:
- ein Whiskey- und Schallplatten-Laden
- das Bistro Café »Check In«, Gründer Norbert Wilden, spätere Übernahme durch Fam. Moll und Dirk Hanrath.
Nach 2013 standen die Räume der Gastwirtschaft fünf Jahre leer. Danach kaufte Thomas Rißmeyer im Jahre 2018 das Haus und zog dort mit seiner Firma AixLOHN Buchhaltungsservice ein.

Unsere Quellen zu diesem Text:
Hubert Ramers, Mario Müller, Thomas Rißmeyer

Bild 36: Bild aus 1912

Bild 37: Ansicht, undatiert

Bild 38: Im Hof der »Gaststätte Schnitzler« (Vorplatz Sparkasse)
Franz Kettenus (Furhmann, Sägewerk Schnitzler) mit Sohn Anton (auf dem
Pferd), die Familie Kettenus wohnte hinter der Gaststätte zur Miete.

Bild 39: Werbung aus 1957

Z w e i f a l l, den 30. Dezember 1927.

An das Landratsamt in M o n s c h a u.

Infolge Teilung meines Vermögen unter meine Kinder durch
Akt vom 15.12.1927 habe ich mein Vermögen unter meine Kinder mit
Wirkung vom gleichen Tage ab, also vom 15.12.1927, verteilt. Die Gastwirtschaft incl. Gebäude habe ich an meine Kinder Anna, Helena eng-
und Franz abgetreten und bitte ich Sie, die Konzession der Gastwirtschaft auf die drei Genannten übertragen zu wollen.

Hochachtungsvoll gez. Aug. S c h n i t z l e r.

- . - . - . - . - . - . - . - . - . - . -

...ausschuss des Kreises Monschau.   Monschau, den 9. Januar 1928.

G.R.r.-A. den Herrn Bürgermeister zu ...
zur eingehenden Äusserung über nachstehende Punkte:
1. ob und aus welchen Gründen die Bedürfnisfrage zu bejahen oder
   zu verneinen ist,
2. ob gegen den Antragsteller Tatsachen aus §§ 33 Abs.1 R.Gew.Ordn.
   vorliegen.
3. ob die Räumlichkeiten, welche Antragsteller zu dem gedachten Ge-
   werbebetrieb benutzen will, sowie die Lage und Beschaffenheit
   des Hauses den bestehenden Anforderungen in jeder Beziehung
   genügen.
4. Wieviel Gastwirtschaften,
        Kleinhandlungen mit Branntwein,
        Schankwirtschaften mit Einschluss des Branntweinausschanks
        Schankwirtschaften mit Ausschluss des Branntweinausschanks
   und wieviel alkoholfreie Wirtschaften - Kaffees in der betr. Gde.
   zur Zeit vorhanden sind?
5. wieweit die nächsten Wirtschaften,
        Kleinhandlungen mit Branntwein
        Schankwirtschaften mit Einschluss des Branntweinausschanks und
        "   " Ausschluss "   "   "   und
        alkoholfreie Wirtschaften Kaffees von dem zum Gewerbebe-
   triebe bestimmten Lokale vorhanden sind.
   Die Entfernung muss je nach den örtlichen Verhältnissen gewählt
werden.
        Sodann ist anzugeben, ob und welche Strafen Antragsteller
bisher erlitten hat, falls derselbe bisher auswärts gewohnt hat,
ist ein polizeiliches Führungsattest von der Polizeibehörde des
letzten Wohnortes beizubringen.
        Ein Gutachten des Gemeindevorstandes - Magistrats über
die vorstehenden drei Punkte ist beizufügen.
        Der Antragsteller ist mitzuteilen, dass noch 2 Zeichnungen bei-
zubringen sind, aus denen die zur konzessionierenden Räumlichkeiten
ersichtlich sind.

Der Vorsitzende:

(Anforderungen, welche in baulicher und in gesundheitlicher
Beziehung an die Gaste an die Gast- und Schankwirtschaft zu
stellen sind. Preussische Ministerial-Erlasse vom 26. August
1895 (Min.Bl. S. 182 und vom 1. März 1890 (Min.Bl. S. 51.)

Bild 40: Konzessionsübergabevertrag von August Schnitzler an seine Kinder
Anna, Helena und Franz.

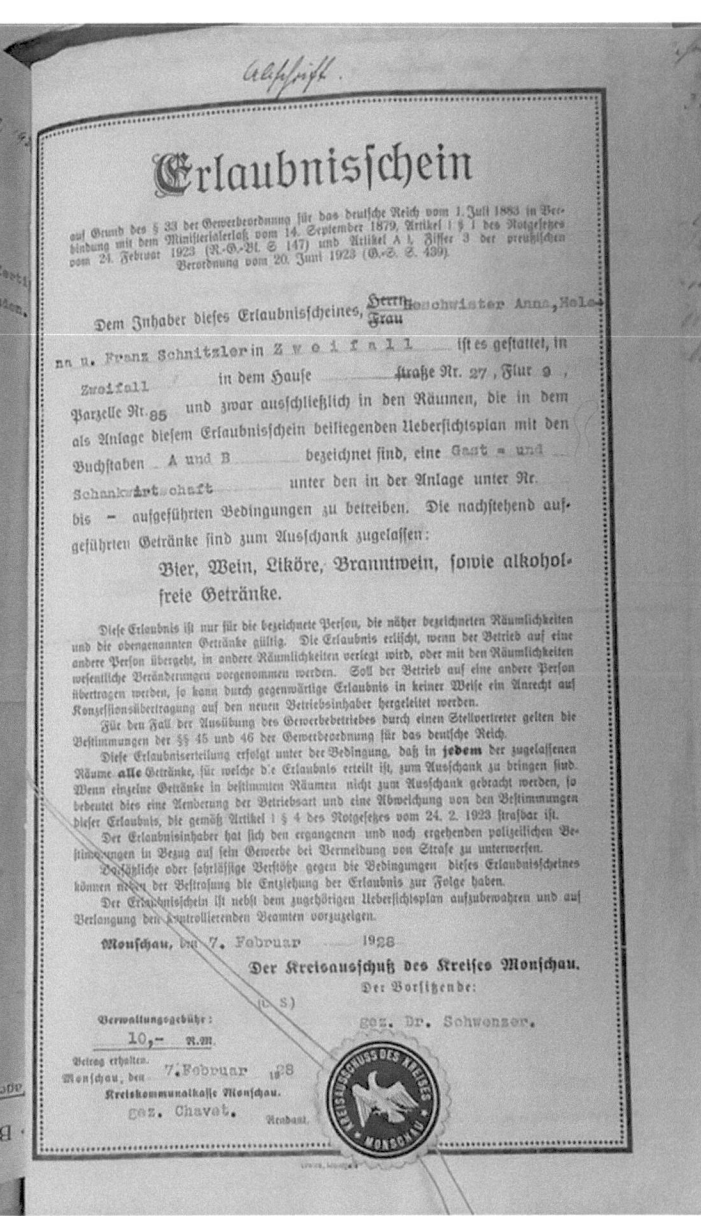

Bild 41: Erlaubnis für Franz, Anna und Helena Schnitzler zur Führung der Gast- und Schankwirtschaft.

Café-Restaurant Knorren, Zweifall (Eifel)

Gasthaus Franz Schnitzler
Zweifall bei Aachen
Schöne Fremdenzimmer mit fließ. Wasser
Gute ruhige Waldlage • Telefon 2742
Café - Restaurant
Fremdenzimmer mit fl. Wasser

W. Knorren
Zweifall bei Stolberg

F 1186

Freigegeben durch d. R.L.M. Kontrollnr. E 9491/40
Herstellerfirn a Korr's Groß-Verlag, Schwalbach
445/41   b. Frankfurt a. M.   1634 a

Bild 42: Postkarte aus 1958

Bild 43: Postkarte ca. 1960

Bild 44: »Check In« 2004

Bild 45: Terasse »Check In« 2011

Bild 46: Karneval im »Check In« 2011

Bild 47: Foto aus 2020 Firma AIXLohn

Gaststätte Julius Bungenberg

Adresse: Jägerhausstr. 28, früher Hauptstr. 114
Heute: Bäckerei Berzborn

Das Haus wurde 1910 von Herrn Martin Roeb erbaut und als Gastwirtschaft genutzt.

Laut Kaufvertrag vom 19. April 1919 wurde das Haus von Julius Bungenberg (ehemaliger Viehhändler) erworben.
Die Familie Bungenberg übernahm somit auch die Konzession als Gastwirt und führte die Gastwirtschaft weiter.
Julius Bungenberg ist 1927 durch einen Unfall mit einem Pferd gestorben.
Von da an war Mathilde Bungenberg die Wirtin. Erben waren Fritz und August Bungenberg.
Beide waren auch Mitbesitzer der Wirtschaft.

Fritz Bungenberg (geb. 1914) führte dort ab 1933 eine Landwirtschaft mit Viehhandel. Er war Soldat und kam 1947 aus französischer Gefangenschaft nach Hause.
Er war nach dem Krieg, bis zum Haustausch mit Heinrich Berzborn 1948/49, der Hauseigentümer.

August Bungenberg kam in russische Gefangenschaft und ist seither vermisst.

Die Wirtschaft hatte, soweit wir wissen, 1924 den Namen »Eifelland«. Im Haus war auf der 1. Etage ein großer Saal. (Das ist heute noch an den hohen Fenstern zu sehen). Dort gab es während der Kriegsjahre Filmvorführungen und Parteiversammlungen.

Das Lokal soll laut der Information von Zweifaller

Bürgern zeitweise auch unter dem Namen »Sonnenhof« geführt worden sein.

Nach dem Haustausch 1949 mit Adolf Berzborn, führte Fritz die Landwirtschaft mit Viehhandel in den Gebäuden der alten Bäckerei Berzborn bis 1979 weiter.

Unsere Quellen zu diesem Text:
Hubert Ramers, Siegbert Bungenberg, Walter Bungenberg.

Bild 48: Vor dem Haus der »Gaststätte Eifelland« (Bäckerei Berzborn). Im Fenster Rosa Bungenberg (verheiratete Pommerenke), mit Bein aus Kutsche, Franz Kettenus

Bild 49: Foto aus 1980 (ca)

Bild 50: Foto aus 2020

Z w e i f a l l, den 8.4.1919.

An

den Herrn Vorsitzenden des Kreisausschusses

in

M o n t j o i e

Unterzeichneter hat das Eigentum des früheren Gastwirtes
Martin Roeb in Zweifall käuflich erworben. Bisher war für dieses
Haus an Roeb eine Gastwirtschaftskonzession erteilt. Ich bitte
diese Konzession auf mich zu übertragen, Ich habe seit 2.8.1914
bis Mitte November 1918 ununterbrochen bei der Fahne gestanden.
Bin im Zivilberuf Viehhändler, welchen Beruf ich zurzeit gar nicht
ausüben kann wegen der bestehenden Syndizierung des Viehhandels.
An dem Hause ist alles in Ordnung. Es handelt sich um Neubau
aus dem Jahre 1910.

Julius B u n g e n b e r g.

Der Vors. des Kreisausschusses.
K. 4857.

Montjoie, den 19.April 1919.

U. s. R. dem Herrn Bürgermeister
zu
R o e t g e n

zum Bericht unter Erörterung der Bedürfnisfrage und Aeusserung
über die Person des Antragstellers. Der dem Roeb seiner Zeit
ausgestellte Erlaubnisschein ist einzuziehen und beizufügen.
J. A. gez Py r o.

Der Bürgermeister
(handschriftlich)

Bild 51: Kaufvertrag von Martin Roeb an Julius Bungenberg vom 19.4.1919

48

Gaststätte Koch/Rary

Adresse: Jägerhausstraße 57, früher Hauptstr. 108, davor Kollartsief 108, bzw. Haus Nr. 108, das Wohnhaus hatte die Nr. 107 bzw. Kollartsief 107.

Das Haus wurde 1878 erbaut. Die Gaststätte existierte seit ca. 1900.

Im Einwohnerverzeichnis von 1913 wird der Großvater von Käthe Rary, geb. Koch, Wilhelm Kuchem als Gastwirt erwähnt.

Am 8.9.1941 verkauft Fräulein Maria Kuchem das Grundstück mit Gebäude im Kollartsief 108 an die Eheleute Franz und Margarethe Koch, geb. Kuchem (wohnhaft Kollartsief 107). Diese führten auch die Gastwirtschaft weiter.
   Mit einem Erlaubnisschein (siehe Bild) durfte Frau Lina Ramers übrig gebliebenes Essen von den amerikanischen Küchen (z.B. der Küche auf dem Gelände des Sägewerks Krings/Münsterau, es gab in Zweifall mehrere Verpflegungstellen) holen. Dieses Essen brachte sie dann zur Gastätte Koch und man verteilte es unter der Zweifaller Bevölkerung. (Info: Hubert Ramers)

Wie auf einer alten Postkarte zu ersehen, war die Eingangstür da, wo heute das mittlere Fenster ist. Die Eingangstür zur Gaststätte wurde Anfang der 1960ziger Jahre nach links verlegt.

Am 21.5.1968 vererbten/schenkten Franz und Margarethe Koch den kompletten Grundbesitz an der Hauptstr. 107 und 108 an deren Tochter Katharina Rary, geb. Koch, und ihren Ehemann Emil Rary. Diese führten die Gastwirtschaft weiter. Die offizielle Genehmigung zur Führung des Gewerbes wurde laut Stadtarchiv Stolberg aber schon am 25.11.1964 erteilt. Allgemein war die Wirtin unter dem Namen »Kochs Griet« bekannt.

1981 wurde die Gastwirtschaft geschlossen.

Ab den 1950ziger Jahren kam alle 14 Tage stundenweise der Chiropraktiker Matthias Clahsen (auch Petsch Mattes genannt) aus Mützenich um im Hinterzimmer zu praktizieren. Der »Knochendoktor« hieß hier allgemein »dä Mützenicher«.

Der Arzt Dr. med. Ludwig Classen war von 1955 bis 1960 im Hinterzimmer stundenweise als Allgemeinmediziner tätig. Der Gastraum konnte durch eine Ziehamonikatür in zwei Räume unterteilt werden. (Siehe Bild von 1953 mit Schild).

Nach Hausbau im Apfelhof führte Dr. Classen dort seine eigene Praxis.

Ab 1981 waren die Räume an verschiedene Geschäfte vermietet. Unter anderem:
- »Blumen Doris« (Doris Reinhard)
- Blumen Lissy Rother
- Kleidergeschäft Stevens
- Ballett & Gymnastikschule

Unsere Quellen zu diesem Text:
Collete Rary, Hubert Ramers, Christiane Römgens

Bild 52: Bild nach dem 1. Weltkrieg

Restaurant Koch, Luftkurort Zweifall

Bild 53: Postkarte um 1955

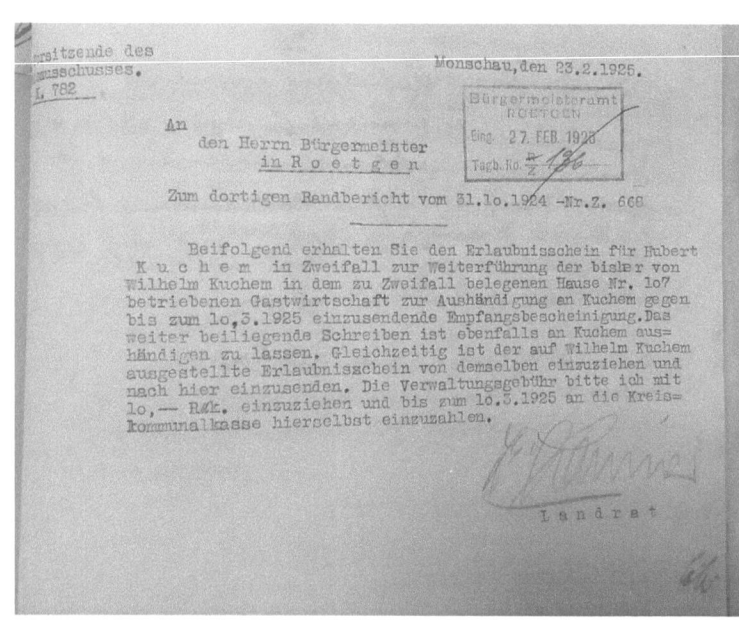

Monschau, den 23.2.1925.

An
den Herrn Bürgermeister
in R o e t g e n

Bürgermeisteramt
ROETGEN
Eing. 2 7. FEB. 1925
Tagb.No. Z 136

Zum dortigen Randbericht vom 31.10.1924 -Nr.Z. 668

Beifolgend erhalten Sie den Erlaubnisschein für Hubert
K u c h e m in Zweifall zur Weiterführung der bisher von
Wilhelm Kuchem in dem zu Zweifall belegenen Hause Nr. 107
betriebenen Gastwirtschaft zur Aushändigung an Kuchem gegen
bis zum 10.3.1925 einzusendende Empfangsbescheinigung. Das
weiter beiliegende Schreiben ist ebenfalls an Kuchem aus=
händigen zu lassen. Gleichzeitig ist der auf Wilhelm Kuchem
ausgestellte Erlaubnisschein von demselben einzuziehen und
nach hier einzusenden. Die Verwaltungsgebühr bitte ich mit
10,— RMk. einzuziehen und bis zum 10.3.1925 an die Kreis=
kommunalkasse hierselbst einzuzahlen.

Landrat

Bild 54: Konzessionsvergabe von Wilhelm Kuchem an Hubert Kuchem

Kaufvertrag

Verhandelt zu Stolberg Rheinland am 8. September 1941.

Vor Doktor Jakob Drummen, Notar in Stolberg Rheinland,

erschienen:

1. Fräulein Maria Kuchem, ohne Beruf, zu Zweifall, Kollartsief 108,

2. die Eheleute Herr Franz Koch, Dreher, und Frau Margaretha Koch geborene Kuchem, ohne Beruf, beide zu Zweifall Kollartsief 107 wohnend,

alle dem Notar bekannt.

Die Erschienenen erklärten:

Wir schließen folgenden Kaufvertrag:

Fräulein Maria Kuchem verkauft und überträgt zum Eigentum den dies annehmenden Eheleuten Koch zu je 1/2 Anteil das im Grundbuche von Zweifall Blatt 569 eingetragene Grundstück Flur 9 Nummer 200/24, Hofraum usw. Kollartsief Nummer 108, groß 1,84 Ar, mit Aufbauten.

Der Kaufpreis beträgt 3000 Reichsmark. Dieser Kaufpreis ist vom Todestage des Letztlebenden des erschienenen Fräulein Kuchem und deren Bruders Wilhelm Kuchem zu Zweifall mit ve 4 vom Hundert fürs Jahr zu verzinsen und mit den Zinsen zahlbar innerhalb eines Jahres nach dem Tode des Letztlebenden der vorgenannten Geschwister Maria und Wilhelm Kuchem in deren Nachlaßmasse. Den Käufern steht es frei, den Kaufpreis auch ganz oder teilweise früher abzutragen.

Bild 55: Kaufvertrag

URNr. *880* für 1968

==========================

Verhandelt zu Stolberg Rheinland am *21. Mai 1968.*
Vor dem unterzeichneten Notar Herbert Drummen mit dem Amtssitz zu Stolberg erschienen, ihm bekannt :

I. als Schenkgeber
    die Eheleute Herr Franz K o c h , früher Werkmeister,
    jetzt Rentner, und Frau Margaretha geborene Kuchem, ohne
    Beruf, beide wohnhaft in Zweifall, Hauptstraße 57,

II. als Schenknehmer
     deren Tochter Frau Katharina R a r y geborene Koch, Ehe-
     frau Emil Rary, *Gastwirtin*   , wohnhaft zu Zwei-
     fall, Hauptstraße 57.

Die Erschienenen erklärten folgenden

S c h e n k u n g s v e r t r a g :

I.

Die Eheleute Franz Koch schenken ihrer dies annehmenden Tochter
Frau Katharina Rary geborene Koch den im Grundbuch von Zweifall
Band 14 Blatt 651 eingetragenen Grundbesitz Gemarkung Zweifall

Flur 9 Nummer 194, Hof- und Gebäudefläche,
                   Hauptstraße 107,   groß 2,37 ar,
                   Gebäudefläche, Haupt-
                   straße 108,   groß 2,13 ar,

Bild 56: Schenkungsvertrag

Bild 57: von links Helmut Esser, Hubert Ramers und Walter Teutenberg neben dem Eingang Praxisschild von Dr. L. Classen 1953

Bild 58: Praxisschild

Bild 59: Postkarte, Anfang 1960er Jahre nach dem Umbau (Eingang versetzt, Fremdenzimmer 1. Etage)

Bild 60: Mitte Emil und Katharina Rary, rechts Heinrich Jansen

Bild 61: von links, Franzi Rary, Eleonore Dreuw, Franz Koch und Katharina Rary

Bild 62: links sitzend Josef Fink (dat Scheibche), Peter Krings, an der Wand Franz Josef Wirtz »Jimmy« und Katharina Rary

Bild 63: Katharina Rary

Bild 64: Thekenraum

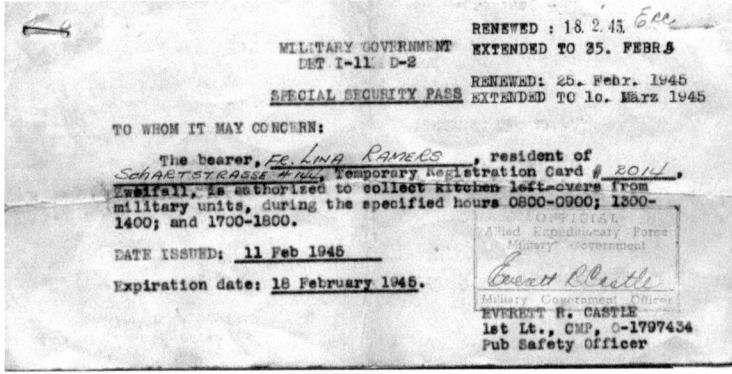

Bild 65: Erlaubnisschein der US-Army für Lina Ramers, Essen aus der Militärküche in die Gastwirtschaft zu bringen, zur Verteilung an Zweifaller Bürger.

Gaststätte

Franz Koch, Zweifall

Hauptstraße

Gepflegte Getränke
Gute Küche
Fremdenzimmer

Garage

Bild 66: Werbung aus 1952

Restaurant Koch

Inh. Käthe Rary

519 Stolberg-Zweifall   -   Jägerhausstraße 57
FREMDENZIMMER

Bild 67: Werbung aus 1974

Bild 68: Ansicht um 2020

Zana's Grill – Eifelstübchen

Adresse: Jägerhausstr. 61, früher Hauptstr. 112a

Das ehemalige Kaufhaus Theodor Sonntag (gegründet Mitte der 1930ziger Jahre) verwahrloste mit den Jahren und wurde um 1955 ganz geschlossen.

Vorher war dort die Gaststätte »Et Stübche«. Inhaber war die Familie Seifert. Hinter der heutigen linken Eingangstür befand sich eine Kegelbahn.

Nach 1961 wurden die Räumlichkeiten nur noch als Imbisstuben genutzt, siehe Anzeigen von »Imbiss El Greco« »Akropolis Grill« und »Lakis Grill«.

Nachdem das »Bistro Kult« 2019 schloss, war ca. ein Jahr dort Leerstand. Zwischenzeitlich wurden die Geschäftsräume kurzzeitig für den Ankauf von Antiquitäten genutzt.

Ab 2020 wurde dort mit Zana´s Grill ein weiterer Imbiss eröffnet.

Unsere Quellen zu diesem Text:
Hubert Ramers, Helga Woudstra

Bild 69: Kaufhaus Theo Sonntag

Bild 70: Im Imbiss

Imbiß-AKROPOLIS-GRILL

Nikos Sidiropulos

Spez. Giros - Pizza - Hirtenspieß
Alle Speisen auch außer Haus

Jägerhausstraße 61 - Stolberg-Zweifall - Ruf 02402:72317

Bild 71: Werbeanzeige 1984

LAKIS GRILL

Jagerhausstr.61
52224 Stolberg-Zweifall
Tel.02402-72317

ÖFFNUNGSZEITEN
Mo.-Do.12 00-15.00Uhr
17.00-23.00Uhr
Sa.u.So.12.00-23.00Uhr

Bild 72: Werbeanzeige 1997

64

Bild 73: rechtes Haus zeigt das ehemalige »Eifelstübchen«

Bild 74: Ansicht um 2020

Restaurant zum Walde

Adresse: Klosterstraße 2, früher Schartstraße 141

Das Kernhaus wurde ca. 1870 gebaut. Damals wurde es als Gastwirtschaft von Wilhelm Drilling geführt. Die Familie Wilhelm Drilling war von ca. 1870 bis 1900 des Gasthauses Eigentümer.

Auf alten Bildern von ca. 1890 sieht man rechts den ursprünglichen Bau und links einen Anbau.

Das Foto vom 25.9.1880 zeigt den Besuch der Königin der Belgier Marie-Henriette, Ehefrau von Leopold II. Sie war auch Erzherzogin von Österreich. Marie-Henriette besuchte Nideggen. Auf dem Rückweg durch die Eifel verlor die Reisegesellschaft bei schlechtem Wetter die Orientierung und gelangte in den bis dato eher unbekannten Ort Zweifall. Ein Nachtquartier fand man im Gasthof von Wilhelm Drilling. Die Nachricht von dem königlichen Besuch verbreitete sich rasch und wurde als Sensation gewertet. Die Schützen marschierten auf und nahmen vor der Gaststätte als Wache Aufstellung. Nach einer kurzen Besichtigung des Ortes am nächsten Morgen verließ der hohe Besuch das gastliche Zweifall. Die Schützen erhielten ein Dankesschreiben und der Wirt eine kostbare Kaminuhr, die allerdings 1944 der Brückensprengung zum Opfer fiel.Das Gasthaus durfte nun als eine Art Ehrentitel die Bezeichnung »Gasthof zur Königin der Belgier« führen. Der Ehrentitel wurde wieder abgelegt, als nach dem Ersten Weltkrieg die Belgier als Besatzungsmacht fungierten und die Gäste einen Hinweis auf Belgien nicht wünschten. So erhielt das Gasthaus ca. 1920 seinen Namen »Gasthof zum Walde«.

Für Zweifall besonders interessant war der große Saal. Hier fanden zahlreiche Veranstaltungen von Dorfvereinen mit Tanz statt. Es gab dort ferner Kinoabende,Theatervorstellungen und das erste Fernsehgerät im Jahre 1954 zur Fußball Weltmeisterschaft. Es war viele Jahre Vereinslokal. In den siebziger Jahren Umstrukturierung vom Dorflokal zum Restaurant, später erfolgte der Bau des Hotels.

Eigentümer: von ca. 1870 bis 1900 Familie Wilhelm Drilling. Franciscus Wilhelm Drilling wurde am 24.9.1829 in Boedexen, Diozese Paderborn geboren, verstorben 1.10.1899 in Zweifall. Er heiratet am 22.11.1859 in Zweifall Anna Gudula Lennartz geboren 12.8.1832 in Zweifall, verstorben 13.10.1894 in Zweifall.

Am 1.1.1900 kauften Engelbert Metzenrath und Maria Bleimann das Lokal. Engelbert, geboren 1.2.1884 in Breinig, verstorben 17.7.1963 in Zweifall. Er heiratete am 20.12.1918 in Zweifall Maria Bleimann, geboren 13.10.1888 in Vicht, verstorben 5.4.1975 in Stolberg. Aus dieser Ehe gab es zwei Töchter:

Hubertine Elisabeth Metzenrath geboren 21.2.1920 in Zweifall verstorben 18.8.1994 in Zweifall. Sie heiratete am 25.9.1947 in Zweifall Ernst Josef Koll, geboren 1.11.1913 in Lammersdorf, verstorben 5.9.1986 in Zweifall.

Angela Metzenrath, geboren 25.2.1925 in Zweifall, verstorben am 23.1.2014 in Stolberg, heiratete am 23.10.1946 in Zweifall Heinz Nicke, geboren 14.11.1920 in Stendal-Röxe, verstorben am 29.03.2008 in Stolberg.

Beide Schwestern führen den Gasthof ab 1973. Die Ehepaare hatten je eine Tochter: Christiane Koll und Rosemarie Nicke.

Christiane Koll heiratete Peter Römgens 1971. Sie übernahmen 1982 den »Gasthof zum Walde« bis Ende 2013.

Rosemarie Nicke heiratete Anton Christen. Sie bauten das »Hotel zum Walde« 1974 und führen dieses von 1974 bis Ende 2018.

In den 1970ern wurde das Stammhaus erweitert, so dass es viele separate Räumlichkeiten für Familienfeierlichkeiten gab.
2014 verkauften die Eheleute das Restaurant.

Unsere Quellen zu diesem Text:
Peter und Christiane Römgens, »Zweifall Wald und Grenzdorf im Vichttal« von Johann Bendel (Autor) und Dr. Heinrich Koch (Bearbeitung).

Bild 75: Kirmesplakat/Einladung 1898, aus dem Archiv der Zweifaller Schützen

Bild 76: Gastwirtschaft Wilhelm Drilling 1880

Bild 77: Postkarte 1910, »Gasthaus zur Königin der Belgier« Inhaber Matthias Bleimann

Bild 78: Postkarte aus 1907 »Gasthaus und Hauderei zur Königin der Belgier«.
*Eine Hauderei war eine Art Transportunternehmen, der Fuhrpark bestand hauptsächlich auch Kutschen.

Bild 79: Im Restaurationsgarten im 1. Weltkrieg

Bild 80: Beerdigung von Josef Stoffel 5.4.1932

Bild 81: Ansicht, undatiert

Bild 82: Freiwillige Feuerwehr, ca. 1913

Bild 83: Postkarte ca. 1900

Bild 84: Postkarte 1965
Links oben Frontansicht, rechts oben »Säälchen«, links unten Frühstücksraum, rechts unten die Wirtschaft

74

Bild 85: Postkarte 1965
Gartenanlage

Bild 86: Postkarte 1955
Links oben Frontansicht, rechts oben Teilansicht von oben, links unten Saalveranda, rechts unten Gartenrestaurant

Bild 87: Bild, undatiert

Bild 88: Frontansicht ca. 1990

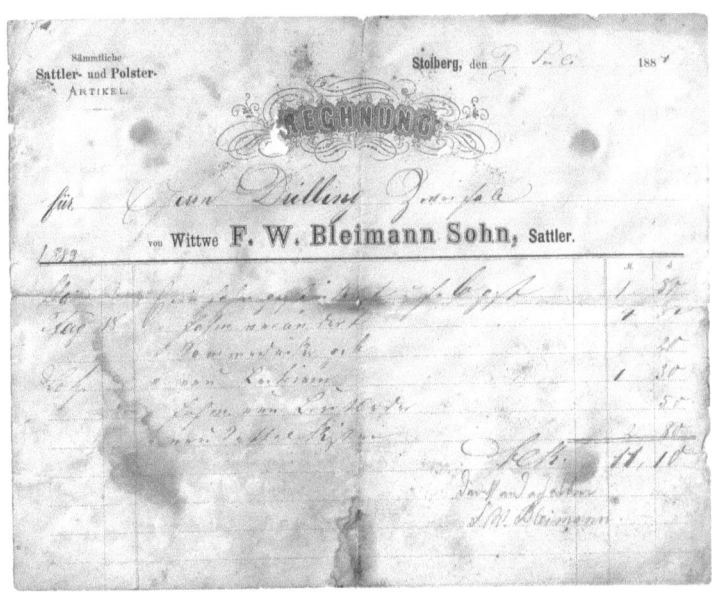

Bild 89: Rechnung vom 1.7.1884

Gasthof zum Walde
E. Metzenrath, Zweifall

Ausfluglokal

Vereinsheim des R. T. C. „Fortuna"

Bild 90: Werbeanzeige 1952

Hotel - Gasthof
Zum Walde

Äußerst ruhige Lage, eigene Parkanlage, modern eingerichtete Zimmer mit Dusche, Telefon, Fernsehen, Balkon oder Terrasse, Fitnes-Raum mit div. Sportgeräten und Solarium, gediegen eingerichtete Gasträume, anerkannt gute Küche, Räumlichkeiten für 20 bis 120 Personen. Wir empfehlen uns für Hochzeits-, Familien- und Vereinsfeiern.

519 STOLBERG-ZWEIFALL (NATURPARK NORDEIFEL)
Klosterstraße 2-4 · Telefon 7 22 29 und 7 12 63

DAS HAUS MIT DER BESONDEREN NOTE

Bild 91: Werbeanzeige um 1975

Bild 92: Werbeanzeige 1997

79

Bild 93: Christiane und Peter Römgens

Bild 94: Das »Brüsseler« Zimmer

Bild 95: Das »Kaminzimmer«

Bild 96: Der »Rosa Salon«

Bild 97: Der »Blaue Salon«

Bild 98: Der »Erker«

Bild 99: In der Eingangshalle

Hotel zum Walde

Adresse: Klosterstraße 4

Toni Christen, Sparkassenbetriebswirt und Mitarbeiter der Kreditrevision der Sparkasse Aachen wurde 1974 von seiner Schwiegermutter Angela Nicke, geborene Metzenrath, gebeten, im »Garten« hinter dem »Gasthof zum Walde« ein Hotel zu bauen, weil die im Gasthof befindlichen 4 Fremdenzimmer nicht mehr den gestiegenen Erwartungen der Gäste entsprachen.

Gemeinsam mit seiner Ehefrau Rosemarie Christen, geborene Nicke, Bankkauffrau/Hotelkauffrau, begann im Oktober 1974 der Bau des Hotels mit 15 Zimmern und zusammen 32 Betten, die Eröffnung war am 5.7.1975. Konzipiert wurde das Haus als Hotel Garni, also nur mit Frühstück. Mittag- und Abendessen sollten im Gasthof zum Walde eingenommen werden. Zu dieser Zeit hatten die Eheleute Christen 2 Kinder, Eva, geboren Januar 1973, und Michael, geboren März 1974. Später wurde noch die Tochter Melanie im Februar 1979 geboren.

Durch die von Anfang an starke Nachfrage erfolgte schon im Frühjahr 1976 eine Erweiterung. Das Haus hatte jetzt 38 Zimmer, 85 Betten, Schwimmbad, Sauna, Seminarräume und 2 Frühstücksräume. 1979 kam die Kaminhalle für allgemeine Veranstaltungen hinzu.

In den 80ern stieg erneut die Nachfrage, doch nun sollten die Zimmer anders eingerichtet werden, als sonst üblich für Hotelzimmer, nämlich größer, mit viel Platz zum Wohnen und Arbeiten und mit eigener Küche. So entstand 1989 das Appartementhaus 1 mit dem Gruppenrestaurant »Rochuskeller« und anschließend 1992 die Häuser 2 und 3 mit Garagen und Tiefgaragenplätzen. Damit sich die Gäste während ihres Aufenthaltes so richtig entspannen und vergnügen konnten, wurde gleichzeitig ein Wellnessbereich mit Kosmetik und Massage, 2 Sportkegelbahnen, Darts und ein Sportstudio eingerichtet. Hier war man damals ein Exot unter den Hotels mit dem Angebot von Kosmetikleistungen für Hotelgäste. Das Hotel zum Walde zählt heute noch zu den Vorreitern der Wellnesshotels in Deutschland!

Das Hotel durfte im Laufe der Jahre viele bekannte Gäste begrüßen. Dies begann bereits am Tag der Eröffnung, dem 5.7.1975, als ein Oldtimerclub anlässlich des 39. Aachener CHIO zu Besuch war. Alle Teilnehmer waren stilgerecht in der Zeitepoche des jeweils gefahrenen Oldtimers gekleidet. Aus der Politik waren z.B. die damalige NRW Justizministerin Inge Donnepp in Verbindung mit Klaus Kinkel, die Karlspreisträgerin und norwegische Ministerpräsidentin Gro Brundtland, die Bundestagsfraktion der PDS mit Stefan Heym und Gregor Gysi bei uns; aus der Musik der Kammersänger Rudolf Schock, Schlagersänger Chris Robertz, Bernhard Brink, Stefan Mross, Bata Iljic, der Kölsch-Rocker Wolfgang Niedecken (Sänger BAB) die Wiener Sängerknaben, die Filmschauspieler Siegfried Lowitz (»Der Alte«) Christine Kaufmann, Frank Voss, »Welt der Wunder«-Moderator Hendrik Hey, aus dem Sport die Formel 1 Fahrer des Jordan Teams Giancarlo Fisichella, Heinz-Harald Frentzen, Jarno Trulli, Jean Alesi, Takuma Sato sowie der damalige Teamchef Eddie Jordan, die Sportler der deutschen Nationalmannschaft der Straßenradfahrer 1998 mit so bekannten Profis wie Udo Bölts, die russische Handball-Nationalmannschaft, die nach ihrem Olympiasieg 1988 in Seoul das Restaurant »Rochuskeller« eröffnete, der Hochspringer Carlo Thränhardt samt der Weltelite der Hochspringer, der Fußballclub 1. FC Saarbrücken, die Rugby-Mannschaft Cologne Crocodiles, die Nationalmannschaften der Volleyball-Juniorinnen von

China und Deutschland, Generäle des Amerikanischen Militärs wie der 4-Sterne-General Montgomery C. Meigs (damals Kommandierender General der US Army in Europa).

Besonderen Wert legte die Hotelleitung auf die Nachwuchsausbildung, so schaffte Eva Carlitz, geborene Christen, es, nach Abitur und Hotelfachausbildung im elterlichen Betrieb 1994 die Dehoga Jugendmeisterschaften der Hotelfachleute für den Bezirk Nordrhein und das Land NRW für sich zu entscheiden, bei den Deutschen Meisterschaften erreichte sie den 4. Platz. Bei den Sommelier-Juniorenmeisterschaften des DWI konnte sie den 3. Platz erringen. 1998 trat sie als Geschäftsführerin dem Familienbetrieb bei.

Melanie Bungenberg, geborene Christen, schloss 6 Jahre später als Innungsbeste der Hotelfachleute mit einem seltenen »Sehr Gut« in Theorie, Praxis und mündlicher Prüfung ab. Nach ihrem BWL-Studium mit Auszeichnung wurde ihre Diplomarbeit zum Thema »Bewertung von Pauschalen in der Hotellerie« im Jahr 2006 zusammen mit vier anderen Arbeiten aus dem Bereich Wirtschaftswissenschaften aus Deutschland, Österreich und der Schweiz von der SEW-Eurodrive-Stiftung in Bruchsal mit dem Diplomandenpreis für herausragende wissenschaftliche Arbeiten honoriert. Melanie trat 2006 als weitere Geschäftsführerin dem Familienbetrieb bei.

Zum 1.4.2017 verkaufte die Familie Christen aus gesundheitlichen und persönlichen Gründen den Hotelkomplex an einen Investor. Um diesem genügend Zeit für die Betreibersuche zu geben, pachteten sie das Haus bis zum 2.1.2019 an. Leider fand der Investor keinen neuen Betreiber. So wurde das Hotel geschlossen.

Unsere Quelle zu diesem Text:
Toni Christen

Bild 100: Hoteltrakt Juli 1975

Bild 101: Rosi und Toni Christen

Bild 102: Innenhofansicht 1987

Bild 103: Grillbuffet Vorbereitung

Bild 104: Hotelaufenthalt der Band »Silbermond« 5.12.2006

Bild 105: 2001

Bild 106:

Politisches nach dem Geflügelparfait

Gregor Gysi und die PDS feierten in Zweifall – Frische Luft und Anekdoten im Forst

Von Andreas Schoener

Stolberg-Zweifall. „Wunderschönen guten Morgen!" Gregor Gysi wirkte ausgeruht, fast fröhlich. Obwohl die Nacht für ihn recht kurz gewesen war. Seine Augen blitzten hinter der Nickelbrille, als er Toni Christen die Hand schüttelte. Der Inhaber des „Sporthotels zum Walde" hatte den prominenten Gast aus Appartement 45 bereits erwartet. Abschlußfrühstück und ein Treffen mit der Presse standen auf dem Programm.

Gregor Gysi ließ sich Zeit. Entspannt und wie aus dem Ei gepellt – weißes Hemd, schwarz-rote Krawatte, dunkler Anzug – schritt er durch die Eingangshalle des renommierten Hotels, begrüßte die Abgeordneten und Mitarbeiter seiner Fraktion, von denen es sich ein kleiner Teil bereits in den Polstern bequem gemacht hatte.

Die übrigen waren noch im Zweifaller Wald unterwegs. Insgesamt mehr als 70 Personen. Sie alle schnappten auf einer kurzen Wanderung frische Luft. Frische Luft nach einer feucht-fröhlichen Feier, die manchen erst weit nach Mitternacht sein Bett hatte finden lassen.

„Gut geschlafen?" Toni Christen, Inhaber des „Sporthotels zum Walde", freute sich, daß Gregor Gysi und die alte PDS-Bundestagsfraktion von Dienstag auf Mittwoch bei ihm Station gemacht hatten.

Die Gläser klangen

Es war das geheime Abschlußtreffen der „PDS/Linke Liste", die vor vier Jahren aus der Taufe gehoben worden war: Gregor Gysi und seine Kolleginnen und Kollegen hatten am Sonntag erneut den Sprung ins gesamtdeutsche Parlament geschafft. Ein Grund, die Gläser heftig klingen zu lassen.

Und so saß und sang man dann zusammen, während sich die Nacht übers Zweifaller Land legte, löffelte Gurkenrahmsuppe, verzehrte fein aufgeschnittenes Kräuterroastbeef oder Schweinelendchen mit Geflügelparfait.

„Es war eine sehr angenehme Atmosphäre", verriet Hotel-Inhaber Toni Christen, der sich nach getaner Arbeit am Dienstag

noch zu seinen Gästen aus dem Osten der Republik gesellt hatte. Die Vertreter vom Bundesfachausschuß für Altpapierverwertung nebenan störte es nicht. „Selten so ruhige und angenehme Gäste gehabt", sagt Toni Christen mit Blick auf die PDS-Delegation.

Und während seine Kolleginnen und Kollegen am Mittwoch noch durch den grünen Tann marschierten, sich von Hoteliers-Gattin Rosemarie Anekdoten aus der Stolberger Heimat erzählen ließen, empfing Gregor Gysi die Lokalredakteure der „Nachrichten". Der streitbare Politiker antwortete schlagfertig und selbstbewußt (s. „Blickpunkt"). Und rauchte. Eine nach der anderen. Westmarke natürlich.

Das Personal vom „Sporthotel" hatte derweil alle Hände voll zu tun. Die letzten belegten Brötchen mußten ge-

schmiert, die letzten Kräutlein in die deftige Gulaschsuppe gegeben, der üppige Salatteller zurechtgezupft werden. „Gestern gab es ein warmes und kaltes Buffet, nach einer derartigen Wanderung empfiehlt sich eher etwas Rustikales", gab Toni Christen am Mittwoch die kulinarische Richtung vor.

Den Gästen mundete es sehr wohl. Und so griffen sie nach der ausgedehnten Wanderung gern zu. Stärkung mußte auch sein, denn schließlich ging's von Zweifall aus geradewegs nach Bonn. Zur ersten offiziellen Besprechung der PDS-Fraktion nach den Wahlen. Daß es den Politikern in dem Zweifaller Hotel und seiner Umgebung sehr gut gefallen hat, bestätigte kurz Gregor Gysi vor der Abfahrt höchstselbst: „Wir kommen bestimmt wieder." Vielleicht zu regelmäßigen Fraktionssitzungen?!

Bild 107: Gregor Gysi (PDS Fraktionsvorsitzender) 20.10.1994

Von einem Termin zum nächsten: Stefan Heym (links) und Gregor Gysi in Zweifall. Fotos: (2): Roeger

Zweifall wurde zum Medientreff

Eine Schar von Journalisten bei der PDS-Tagung im „Sporthotel zum Walde"

Von Michael Cremer

Stolberg-Zweifall. Das „Sporthotel zum Walde" in Zweifall war gestern so etwas wie der Nabel der (politischen) Welt. Ein Großaufgebot Journalisten war angereist, um über die Klausurtagung der PDS-Bundestagsgruppe in Wort und Bild zu berichten.

Am Morgen bereits waren die ersten Teams von Presse, Funk und Fernsehen da: der Literat und PDS-Abgeordnete Stefan Heym wurde für den Vormittag erwartet.

Er kam auch, von allen jedoch unbemerkt. Zunächst. Alle großen Sender hatten Fernsehteams nach Zweifall geschickt. Und die mußten eine Menge Geduld im Gepäck haben, denn immer wieder es: warten, warten, warten.

Das Medieninteresse galt zum einen der Frage, ob Gregor Gysi zum Vorsitzenden der neuen Bundestagsgruppe gewählt würde (er wurde), und zum anderen natürlich die Person Stefan Heyms. Vor laufenden Fernsehkameras erzählte der 80jährige, wie er damals, 1944, als amerikanischer Staatsbürger schon einmal hier in der Gegend war und schrieb und fotografierte: „Das war möglicherweise hier das erste Nest, das wir eingenommen haben." Gysi darauf schmunzelnd zu Heym: „Nehmen Sie das mit dem ‚Nest' zurück, sonst kriegen wir hier nie wieder einen Wähler."

Die Tagung der PDS hatte ja bereits am Mittwoch begonnen; bis in den Abend hinein zogen sich die Gespräche. Anschließend ging man zum gemütlichen Teil über; der Chef kochte höchstpersönlich: Hotelier Toni Christen verwöhnte seine Gäste am Mittwoch abend mit allerlei Leckerem, das er auf dem Schwenkgrill zubereitete. „Ein schöner Abend", wie er am Morgen danach meinte.

Nach dem 8-Uhr-Frühstück am Donnerstag zogen sich die Politiker wieder zu Gesprächen zurück. Nach dem Mittagessen dann stand die Vorstandswahl an, auf deren Ergebnis die Medienvertreter warteten. Und warteten. Und warteten. Mit Fernsehkameras, Mikrofonen, Stift und Papier bewaffnet standen sie dichtgedrängt in einem kleinen Vorraum. Endlich und mit gut anderthalb Stunden Verspätung tat sich die Tür schließlich doch noch auf: „Sie können die Kameras anwerfen", erlöste Pressesprecher Jürgen Reents die Journalisten aus dem „Wartesaal" und bat zur Pressekonferenz.

Ein Brief an die PDS

Für einige Minuten an diesem Nachmittag rückte jemand ins Rampenlicht, mit dem niemand gerechnet hatte: Rolf P. Prost, Autor aus Stolberg („Frank Hassler – Fußballstar") und Sozialdemokrat. Vor laufenden Fernsehkameras und unter dem Beifall der gesamten PDS-Gruppe reichte Gregor Gysi einen Brief, den Prost den Politikern geschickt hatte: Es wäre schön, stand da geschrieben, wenn von seiner Heimatstadt Stolberg ein Signal ausginge, daß die PDS sich zu einer bundesweiten sozialistischen Partei entwickele. Einen besonderen Gruß richtete Prost an Stefan Heym, den der Stolberger als sein literarisches Vorbild bezeichnete. Auf diesen netten Brief, so Gysi, werde er natürlich antworten. Am Abend, nach weiteren Beratungen und einer letzten Stärkung im Hotel, machten sich die Politiker auf die „Heimreise" nach Bonn.

Journalisten folgten den prominenten PDS-Politikern auf Schritt und Tritt.

Bild 108: Der Literat Stefan Heym und Gregor Gysi bei der PDS-Tagung am 30.9.1998

Bild 109: Schwimmhalle und Wellnessbereich 1990

Bild 110: Saunaruheraum

Restaurant Rochuskeller

Adresse: Klosterstraße 7

Eröffnet 1989

Alle Informationen zum »Rochuskeller« finden Sie unter dem Eintrag »Hotel zum Walde«.

Bild 111: Frontansicht 2020

Bild 112: Innenhofansicht 2020

Bild 113: Die Kegelbahn im Rochuskeller

Bild 114: Restaurant »Lüttich« im Rochuskeller

Bild 115: Im Restaurant

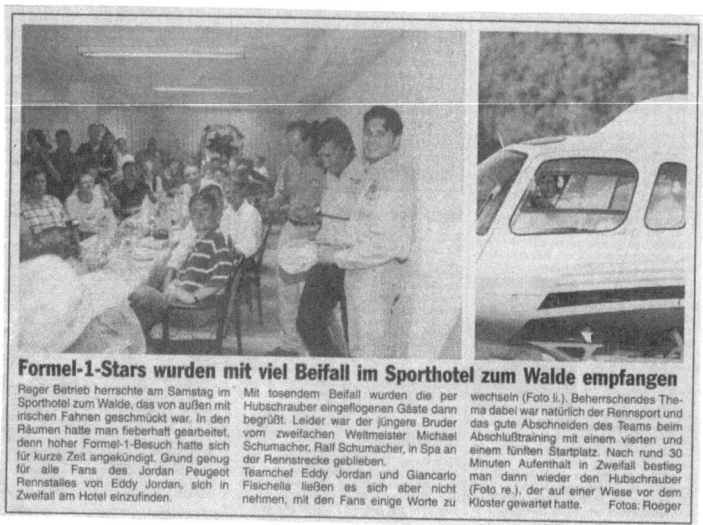

Formel-1-Stars wurden mit viel Beifall im Sporthotel zum Walde empfangen

Reger Betrieb herrschte am Samstag im Sporthotel zum Walde, das von außen mit irischen Fahnen geschmückt war. In den Räumen hatte man fieberhaft gearbeitet, denn hoher Formel-1-Besuch hatte sich für kurze Zeit angekündigt. Grund genug für alle Fans des Jordan Peugeot Rennstalles von Eddy Jordan, sich in Zweifall am Hotel einzufinden.

Mit tosendem Beifall wurden die per Hubschrauber eingeflogenen Gäste dann begrüßt. Leider war der jüngere Bruder vom zweifachen Weltmeister Michael Schumacher, Ralf Schumacher, in Spa an der Rennstrecke geblieben. Teamchef Eddy Jordan und Giancarlo Fisichella ließen es sich aber nicht nehmen, mit den Fans einige Worte zu

wechseln (Foto li.). Beherrschendes Thema dabei war natürlich der Rennsport und das gute Abschneiden des Teams beim Abschlußtraining mit einem vierten und einem fünften Startplatz. Nach rund 30 Minuten Aufenthalt in Zweifall bestieg man dann wieder den Hubschrauber (Foto re.), der auf einer Wiese vor dem Kloster gewartet hatte. Fotos: Roeger

Bild 116: Besuch des Formel 1 Rennstalls von Eddy Jordan 23.8.1997.
Mit dem Hubschrauber eingeflogen, Fahrer Giancarlo Fisichella

Bild 117: Innenaufnahme Appartment

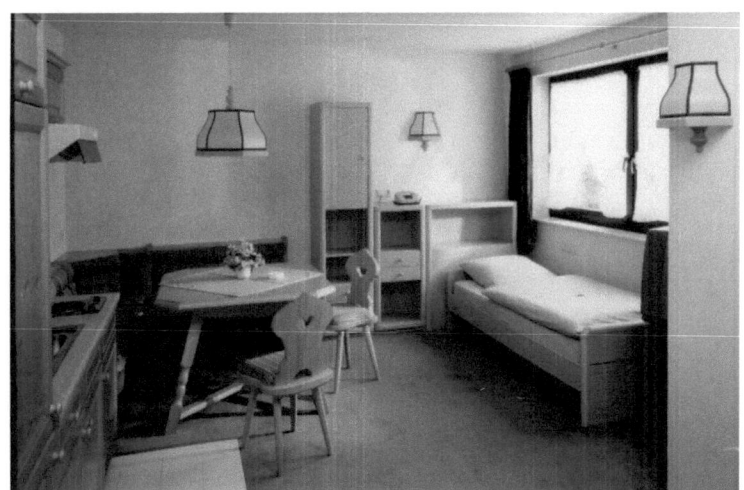

Bild 118: Appartment

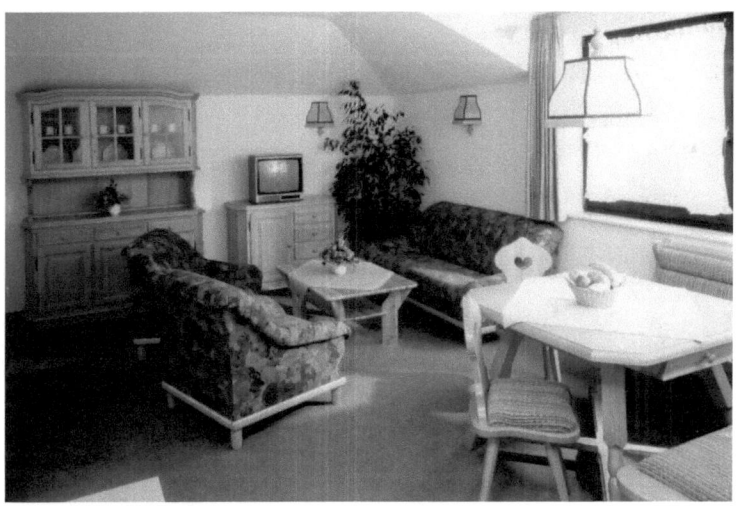

Bild 119: Juniorsuite

Bild 120: Die Appartmenthäuser
Oben: Adresse: Klosterstraße 8
Unten: Sillebend 3

Gaststätte Haus Wilhelmshöh

Adresse: Am Brändchen 12

Hauserbauer Wilhelm (Wim) Rütten und Frau Elisabeth geb, Premper.
1956 wurde mit dem Ausschachten zum Hausbau begonnen. Siehe Bild von 1956 und Pläne zum Bauvorhaben von 1957.
1961 wurde das Restaurant in einem Anbau aus Holz eröffnet. Es gab nur ein paar Tische. Wim, der vorher Schiffskoch war, führte dort eine gehobenere Küche. Hier gab es, laut unserer Quellen, die ersten Fritten in Zweifall.
Das Restaurant wurde ca. 1966 geschlossen.

Nach längerem Leerstand wurde das Haus von der Familie Schäffner erworben. Im Jahr 1968/69 wurde aus dem Anbau aus Holz ein befestigter Anbau mit 1. Etage.
2013 hat die Familie Baumeister das Haus gekauft und ist seitdem Eigentümer.

Im Krieg diente das, noch unbebaute Gelände, bis hoch zum alten Sportplatz, den Amerikanern als Sammelplatz für die gefallenen amerikanischen und deutschen Soldaten aus dem Hürtgenwald.

Unsere Quellen zu diesem Text:
Franziska Heinen, Hubert Ramers, Wim Rütten Junior

Bild 121: Ausschachten 1956, links Wim Rütten, mit der Schaufel Franz Kettenus

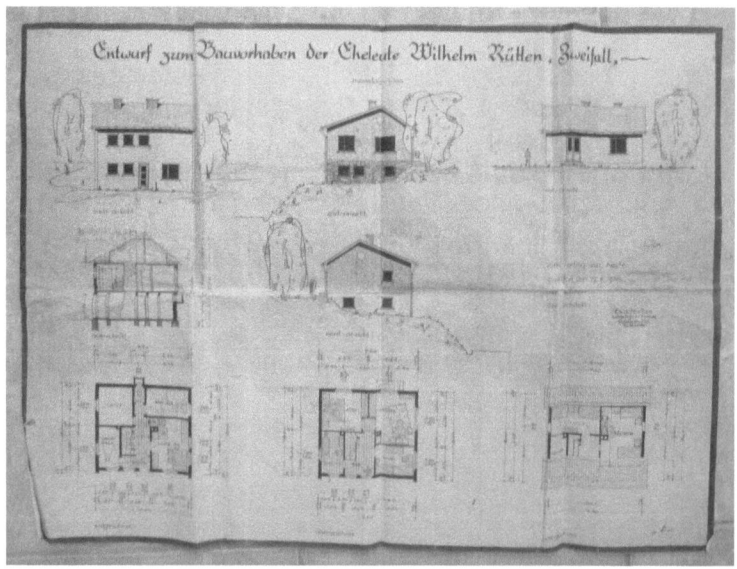

Bild 122: Bauplan 29.9.1957

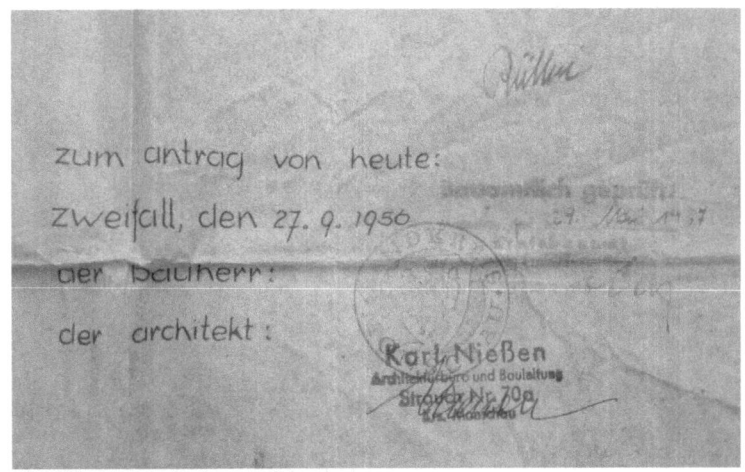

Bild 123: Ausschnitt, Antragsdokument

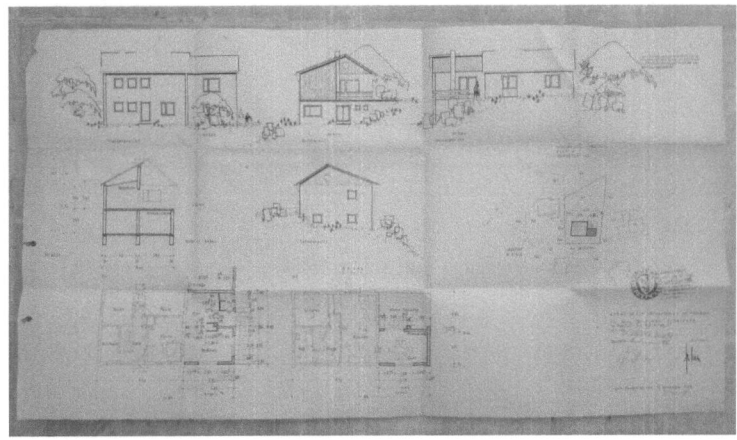

Bild 124: Bauantrag zum Anbau 20.9.1968

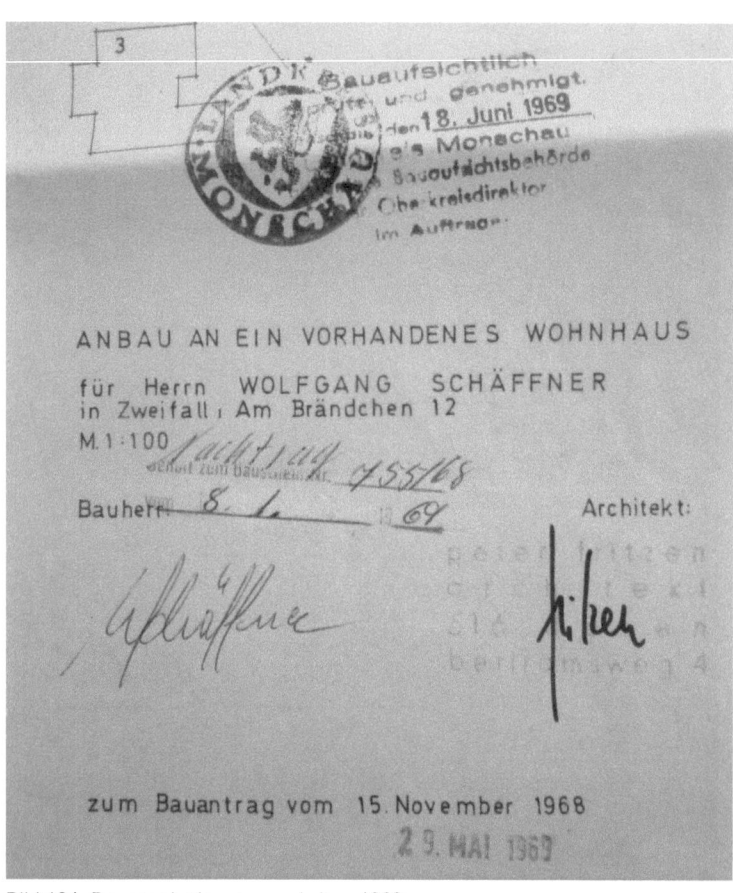

ANBAU AN EIN VORHANDENES WOHNHAUS

für Herrn WOLFGANG SCHÄFFNER
in Zweifall, Am Brändchen 12

M. 1:100

Bauherr

Architekt:

zum Bauantrag vom 15. November 1968

Bild 124: Baugenehmigung zum Anbau 1969

Bild 125: Postkarte ca. 1961

Archiv-Nr	2203 2204	Neg.Nr.	O. N. TAZ 77-26
Objekt:		Am Brändchen	
erbaut:	1961	verändert	197
Erbauer:		Wilhelm Rütten	
Besitzer:		Schöffner	

Bild 126: 1967/68 kaufte die Familie Schäffner das Anwesen

Haus Wilhelmshöhe SPEISELOKAL

Bes. Eheleute Wilhelm Rütten

Zweifall, Tel. 3321 Stolberg

Haus der guten Küche - Spezialitäten aus aller Welt

Parkplatz am Hause

Bild 128: Werbeanzeige 1962

Bild 129: Ansicht 2020

Gaststätte Knorren/Zweifaller Hof

Adresse: Kornbendstr. 21

Ab ca. 1957 pachteten Wilhelm und Johanna Knorren die Gastwirtschaft von August Schnitzler in der Hauptstr. 42.

1960 war er für ein halbes Jahr zusätzlich Wirt im Gasthof zur Post.

In der Wirtschaft (Haus Schnitzler) hatte er zuletzt mehrere Spielautomaten und eine Tischkegelbahn, dann baute er 1964 in der Kornbendstr. 21 ein Wohnhaus mit Restauration.

Die Eröffnung der Gaststätte »Zweifaller Hof« erfolgte am 1.3.1966. Inhaber waren Willi und Johanna Knorren, geb. Mommertz.

Im Mai 1979 wurde das Lokal geschlossen.

Der Bierverlag Wilhelm Knorren, Hauptststr. 42, 5195 Zweifall existierte bis 1965.

Anfang der 60ziger Jahre hatte Wilhelm Knorren außerdem ein kleines Sägewerk in der Kornbendstraße 19. Mit einer großen Doppelkreissäge produzierte er vorwiegend Bauholz. Da sich das in Zweifall nicht mehr lohnte, mietete er in Stolberg-Atsch eine Halle, wo er neben dem Gastwirtschaftsgewerbe zeitweise weiter im Holzgewerbe tätig war. (Datenquelle „Zweifalls Sägewerke" Eine Dokumentation)

Wilhelm Knorren, geboren 11.3.1920, gestorben 29.3. 2002.
Johanna Knorren, geborene Mommertz, geboren 21.9.1923, gestorben 28.10.2005.

Unsere Quellen zu diesem Text:
Mario Müller, Herta Frösch

Bild 130: Wilhelm Knorren 1967

Bild 131: Johanna Knorren

Bild 132: Oma Josephine Mommertz (Mutter von Johanna) und Renate Knorren

Bild 133: Ansicht 1967

Bild 134: Im Schankraum

Bild 135: Im Schankraum

Bild 136: Karneval

Bild 137: Gemütliche Runde mit der Wirtin

Der Oberkreisdirektor   5108 Monschau, den 29.2.1968
— Steuerabteilung —   Konten der Kreiskasse Monschau
                                         8 Kreissparkasse Monschau
                                         98 263 Postscheckamt Köln

Frau
Johanna Knorren   Einschreiben !

5195 Zweifall
Kornbendstraße

             Endgültiger Erlaubnissteuerbescheid

Ihnen ist am 1.3.1966   auf Grund des Gaststättengesetzes
die Erlaubnis zum Betriebe einer Schankwirtschaft und zwar
als Bierrestaurant
                                         erteilt worden.
Nachdem nunmehr für die Festsetzung der endgültigen Erlaubnissteuer der Jahresumsatz des 1. vollen Geschäftsjahres
nach der Erlaubniserteilung festgestellt ist, werden Sie
unter Bezugnahme auf den vorläufigen Steuerbescheid vom 4.5.(
—auf Grund der Steuersatzung des Landkreises Monschau vom
15.5.1963— endgültig zu einer Erlaubnissteuer veranlagt.

Die Steuer wird wie folgt berechnet:

Bild 138 Erlaubnisbescheid für »Bierrestaurant«

112

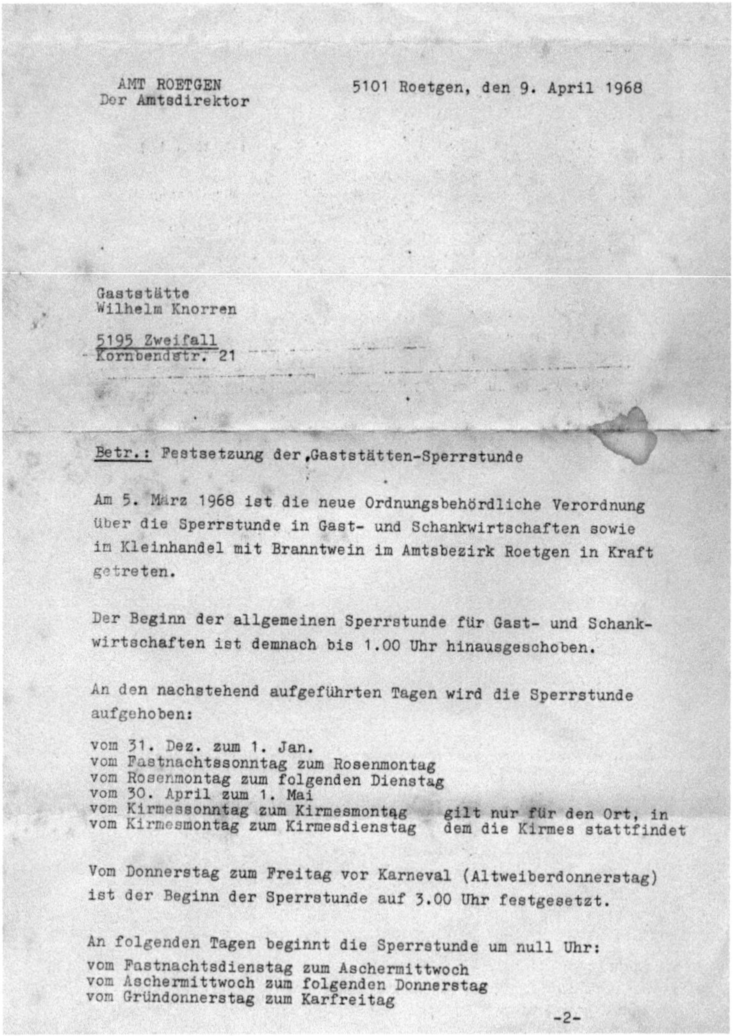

AMT ROETGEN   5101 Roetgen, den 9. April 1968
Der Amtsdirektor

Gaststätte
Wilhelm Knorren

5195 Zweifall
Kornbendstr. 21

Betr.: Festsetzung der Gaststätten-Sperrstunde

Am 5. März 1968 ist die neue Ordnungsbehördliche Verordnung
über die Sperrstunde in Gast- und Schankwirtschaften sowie
in Kleinhandel mit Branntwein im Amtsbezirk Roetgen in Kraft
getreten.

Der Beginn der allgemeinen Sperrstunde für Gast- und Schankwirtschaften ist demnach bis 1.00 Uhr hinausgeschoben.

An den nachstehend aufgeführten Tagen wird die Sperrstunde
aufgehoben:

vom 31. Dez. zum 1. Jan.
vom Fastnachtssonntag zum Rosenmontag
vom Rosenmontag zum folgenden Dienstag
vom 30. April zum 1. Mai
vom Kirmessonntag zum Kirmesmontag   gilt nur für den Ort, in
vom Kirmesmontag zum Kirmesdienstag   dem die Kirmes stattfindet

Vom Donnerstag zum Freitag vor Karneval (Altweiberdonnerstag)
ist der Beginn der Sperrstunde auf 3.00 Uhr festgesetzt.

An folgenden Tagen beginnt die Sperrstunde um null Uhr:
vom Fastnachtsdienstag zum Aschermittwoch
vom Aschermittwoch zum folgenden Donnerstag
vom Gründonnerstag zum Karfreitag
                                                    -2-

Bild 139

vom Karfreitag zum Karsamstag
vom Karsamstag zum Ostersonntag
vom 16. Juni zum 17. Juni
vom 17. Juni zum 18. Juni (Tag der Deutschen Einheit)
vom Allerheiligentag zum Allerseelentag
vom Allerseelentag zum folgenden Tag
vom Vortag des Buß- und Bettages zum Buß- und Bettag
vom Buß- und Bettag zum folgenden Tag
vom Vortage des Volkstrauertages zum Volkstrauertag
vom Volkstrauertag zum folgenden Montag
vom Vortage des Totensonntages zum Totensonntag und
vom Totensonntag zum folgenden Montag

Ich bitte Sie, Anträge auf eine spätere Festsetzung der Gaststätten-Sperrstunde mindestens 1 Woche vor dem Tage der Ver-
anstaltung bei der Amtsverwaltung schriftlich einzureichen.
Verspätet eingehende Anträge können aus arbeitstechnischen
Gründen leider nicht mehr berücksichtigt werden.

Hochachtungsvoll

Bild 140 Fortsetzung von Bild 139

Bild 141: Ansicht 2020

114

Haus Solchbachtal

Adresse: Hüttstatt 135c, dann Jägerhausstraße 146, heute Zum Solchbachtal 1

Das Haus Hüttstatt 135c wurde von dem Agrar-Ingenieur Alfred-Heinrich-William Brandt im Jahr 1933 erbaut. Er hatte vorher eine Farm in Namibia geleitet. Als er nach Deutschland zurück kehrte, wurde er als Prokurist bei der Firma William Prym angestellt. Alfred und seine Frau Conchita hatten das Gebäude als landwirtschaftlichen Betrieb mit Stallungen vorgesehen. Es hatte damals schon fließend Wasser und Strom. Strom wurde vom Sägewerk Harpers herüber geleitet, das Wasser kam mittels Pumpe aus einem Brunnen. Außerdem besaß das Haus schon ein geräumiges Badezimmer. 1933 wurde die Tochter Ria geboren. Alfred Brandt verstarb 1946, seine Frau Conchita 1951.
Ria arbeitete in der Küche der Firma Prym. Dort lernte sie den Elektriker der Firma Willi Mertes kennen. Beide heirateten 1953.
Ria lebte von 1933 bis 2016. Willi Mertes von 1931 bis 1989.

Ein eingerichtetes Wochenendhaus auf dem hinteren Grundstück wurde unter anderem auch vom Stolberger Kneippverein genutzt.
Auf Nachfrage des Eifelvereins und Wanderern wurde ab 1954 aus dem Schuppen neben dem Haus ein kleiner Verkaufsstand für Getränke.
1955 kamen dann kleine Snacks (belegte Brötchen und Bockwurst) dazu.
1956 wurde der vordere Stall zum Gastraum umgebaut.
Ab 1957 entstand daraus eine Gaststätte, sprich ein Ausflugslokal. Die offizielle Genehmigung der Gaststätte mit Gartenterrasse wurde am 15.4.1958 erteilt.

Willi hatte Unterstützung für das Führen eines Gastronomie-Betriebes durch Herrn Gandeleit. Er war ein Vertreter der Brauerei Ketschenburg.

1966 entstand ein größerer Anbau mit Küche und Gastraum, sowie eine große Außenterrasse. Die Bauarbeiten erledigte die Firma Schmitz aus Vicht.

Nach dem Tod von Willi Mertes 1989 führte seine Schwester, Käthe Geitings, das Lokal bis 1993 weiter.

1993 kaufte Karl-Heinz Kleinjohann (er besaß vorher das Belverdere auf dem Lousberg in Aachen) das Anwesen und führte das Ausflugslokal bis 2003.

Achim Deserno kaufte 2003 das Anwesen auf und war bis 2016 Besitzer.

Nachdem das Haus einige Zeit leer stand kaufte Frau Irmgard Gier das Anwesen und machte daraus eine Event-Location.

Unsere Quelle zu diesem Text:
Ralph Mertes

Bild 142: Conchita, Hugo und Alfred Brandt 1927

Bild 143: Das Haus mit Anbau rechts 1955

Bild 144: Eheleute Mertes

Bild 145:

118

Bild 146: Um- und Anbau 1966

Bild 147: Nach dem Umbau 1966

Touristenstrom im Solchbachtal

Naturpark Nordeifel baute großen Parkplatz — Beliebte Raststätte

ZWEIFALL. — Restaurant Solchbachtal, in einem stillen Waldtal bei Zweifall gelegen, hat ein neues Aussehen erhalten. Durch den flachdachigen Anbau wurde Raum geschaffen zur Unterbringung von 200 Gästen. Bisher war mit 70 Besuchern das Haus bis auf den letzten Platz besetzt. Die neuen Räume haben ein behagliches Interieur, teils modern, teils nach Art einer Tiroler Bauernstube. Die Küche wurde modernisiert und auf die neue Kapazität zugeschnitten.

Durch die großen Fenster blickt man auf das herrliche, von Wald umgebene Solchbachtal, und es verwundert daher nicht, daß diese Gaststätte am Rande des Naturparks Nordeifel stark frequentiert wird. Die gute Küche und die schöne Umgebung locken nicht allein die Gäste an. Der rege Besuch dürfte auch auf den großen Parkplatz zurückzuführen

sein, den der Naturpark Nordeifel neben der Gaststätte anlegte. Für 200 Wagen bietet er Platz. Da die meisten Ausflügler heutzutage motorisiert sind, wissen Gäste den Vorteil, in unmittelbarer Nähe einer Raststätte parken zu können, wohl zu schätzen. Und nicht zuletzt ist es der attraktive Waldlehrpfad bei Haus Solchbachtal, der viele Gäste aus nah und fern zum Verweilen einlädt.

Für die Kneipp-Anhänger ist das Restaurant Solchbachtal seit Jahren schon Stammlokal; denn das Freiluftgelände des Stolberger Kneippvereins in würziger Waldluft, Treffpunkt für Wanderungen, Waldläufe, Gymnastik, Sonnenbaden und Kneippsche Anwendungen (z. B. kalte Güsse), befindet sich unmittelbar neben dem Restaurant, das mit den Jahren zu einem ausgesprochenen Zentrum des Fremdenverkehrs im hiesigen Raum geworden ist.   -ko-

Von Wald umgeben: Restaurant Solchbachtal, eines der beliebtesten Ausflugslokale im Stolberger Raum.   Foto: Ohst

Bild 148: Zeitungsartikel Stolberger Zeitung K. Ohst 1967

Bild 149: Postkarte ca. 1960

Bild 150: Postkarte ca. 1968

Bild 151: Werbeanzeige aus 1974

Bild 152: Werbeanzeige aus 1997

Bild 153: Ansicht 2020, ehemaliger Verkaufsstand

Bild 154: Stolberger Zeitung 25.3.2017 Sarah Lena Gombert

Bild 155: Ansicht 2020

Bild 156: Ansicht 2020

Bild 157: Ansicht 2020

Wirtshaus Gerhard Müller

Adresse: unbekannt

Wann und wo das Haus gebaut wurde, konnten wir nicht ermitteln.

Im Verzeichnis des Archivs des Monschauer Geschichtsverein ist die Lokalität 1921 als Gastwirtschaft erwähnt.

Wo sich die »Gastwirtschaft zur Erholung« in Zweifall befand, konnten wir auch nicht ermitteln. Das Bild zeigt mehrere Personen mit einem Pfarrer.

Gerhard Müller wird auch im Bürmeisterei-Verzeichnis von 1913 als Gastwirt erwähnt.

Im Buch »Zweifall Wald und Grenzdorf im Vichttal« von Johann Bendel (Autor) und Dr. Heinrich Koch (Bearbeitung)1962 ist zu lesen, dass Gerhard Müller Gründungsmitglied des Eifelvereins Zweifall (Gründung 25. Okt. 1909) war. Ebenso war er Gründungsmitglied des Turnvereins von 1909. Er war Mitglied vom Verein »Feierstunde 1907«. Seine Brüder Hubert, Heinrich, Peter und Gottfried gehörten ebenfalls dem Verein an.

Unsere Quellen zu diesem Text:
»Zweifall Wald und Grenzdorf im Vichttal« von Johann Bendel (Autor) und Dr. Heinrich Koch (Bearbeitung).

Bild 158: Postkarte 1921, Gerhard Müller, Gastwirt, Verzeichnis Dorf Zweifall 1921

BILDVERZEICHNIS:

Bild 1: Karte Zweifall, Kartendaten: OpenStreetMap (OdbL), bearbeitet von Rolf Hansen

Bild 2: Frackersberg 1, undatiert, Bildarchiv Teutenberg im Archiv des Monschauer Geschichtsvereins

Bild 3: Im Wirtshausgarten 1916, Bildarchiv Teutenberg im Archiv des Monschauer Geschichtsvereins

Bild 4: Gastwirtin »Tant Lisa« und Maria Braun im Bild rechts die Tanksäule, Bildarchiv Teutenberg im Archiv des Monschauer Geschichtsvereins

Bild 5: Eingangstür mit Grundstein, Rolf Hansen

Bild 6: Grundstein, Rolf Hansen

Bild 7: Foto aus den 1980er Jahren, Bildarchiv Teutenberg im Archiv des Monschauer Geschichtsvereins

Bild 8: Der derzeitige Inhaber Hans Jaquet, Rolf Hansen

Bild 9: Werbung aus 1954, Anzeige aus Zweifaller Festschriften

Bild 10 Werbung aus 1984, Anzeige aus Zweifaller Festschriften

Bild 11: Ansicht Oktober 2020, Rolf Hansen

Bild 12: Werbung aus 1976, Anzeige aus Zweifaller Festschriften

Bild 13: Foto entstanden um 1900, Bildarchiv Teutenberg im Archiv des Monschauer Geschichtsvereins

Bild 14: Ansicht, undatiert, Bildarchiv Teutenberg im Archiv des Monschauer Geschichtsvereins

Bild 15: Bild aus 2020, Rolf Hansen

Bild 16: »Zweifaller Grill« 2020, Rolf Hansen

Bild 17: Werbung aus 1976, Anzeige aus Zweifaller Festschriften

Bild 18: Werbung aus 1976, Anzeige aus Zweifaller Festschriften

Bild 19: Werbung aus 2018, Werbung des Inhabers

Bild 20: Postkarte aus 1901, Sammlung Dr. B. Laurs

Bild 21: Postkarte aus 1917, Foto: F. Winandy, Aachen, Sammlung Dr. B. Laurs

Bild 22: Im Wirtshausgarten bei Wirtz/Wunsch 1935, Bildarchiv Teutenberg im Archiv des Monschauer Geschichtsvereins

Bild 23: Werbung aus 1952, Anzeige aus Zweifaller Festschriften

Bild 24: »Gasthof zur Post« 1952, Bildarchiv Teutenberg im Archiv des Monschauer Geschichtsvereins

Bild 25: Gartenanlage mit Veranda 1952, Bildarchiv Teutenberg im Archiv des Monschauer Geschichtsvereins

Bild 26: Ansicht 1975, Bildarchiv Teutenberg im Archiv des Monschauer Geschichtsvereins

Bild 27: Ansicht 1990, Bildarchiv Teutenberg im Archiv des Monschauer Geschichtsvereins

Bild 28: Ansicht 1990, Bildarchiv Teutenberg im Archiv des Monschauer Geschichtsvereins

Bild 29: Postkarte aus 1898 (Gruß aus Reinfall bei Zweifall), Archiv Fam. Römgens

Bild 30: Genehmigung Frühjahrskonzert 1954, Stadtarchiv Stolberg

Bild 31: Postkarte aus ca. 1900, Rud. Bechtold & Co, Wiesbaden, Archiv C. Altena

Bild 32: Werbung undatiert, Anzeige aus Zweifaller Festschriften

Bild 23: Wirtin Hertha mit Sohn Berthold, Rolf Hansen

Bild 34: Ansicht aus 2020, Rolf Hansen

Bild 35: Ansicht aus 2020, Rolf Hansen
Bild 36: Bild aus 1912, Bildarchiv Teutenberg im Archiv des Monschauer Geschichtsvereins
Bild 37: Ansicht, undatiert, Bildarchiv Teutenberg im Archiv des Monschauer Geschichtsvereins
Bild 38: Im Hof der »Gaststätte Schnitzler« (Vorplatz Sparkasse), Archiv Franziska Heinen
Bild 39: Werbung aus 1957, Anzeige aus Zweifaller Festschriften
Bild 40: Konzessionsübergabevertrag von August Schnitzler an seine Kinder Anna, Helena und Franz, Archiv des Monschauer Geschichtsvereins
Bild 41: Erlaubnis für Franz, Anna und Helena Schnitzler zur Führung der Gast- und Schankwirtschaft, Archiv des Monschauer Geschichtsvereins
Bild 42: Postkarte aus 1958, Korr's Großverlag Schwalbach bei Frankfurt am Main
Bild 43: Postkarte ca. 1960, Archiv des Monschauer Geschichtsvereins
Bild 44: »Check In« 2004, Archiv Dirk Hahnrath
Bild 45: Terasse »Check In« 2011, Archiv Dirk Hahnrath
Bild 46: Karneval im »Check In« 2011, Archiv Dirk Hahnrath
Bild 47: Foto aus 2020 Firma AIXLohn, Rolf Hansen
Bild 48: Vor dem Haus der »Gaststätte Eifelland« (Bäckerei Berzborn). Im Fenster Rosa Bungenberg (verheiratete Pommerenke), mit Bein aus Kutsche, Franz Kettenus, Archiv Franziska Heinen
Bild 49: Foto aus 1980 (ca), Bildarchiv Teutenberg im Archiv des Monschauer Geschichtsvereins
Bild 50: Foto aus 2020, Rolf Hansen
Bild 51: Kaufvertrag von Martin Roeb an Julius Bun-

genberg vom 19.4.1919, Archiv des Monschauer Geschichtsvereins

Bild 52: Bild nach dem 1. Weltkrieg, Archiv des Monschauer Geschichtsvereins

Bild 53: Postkarte um 1955, Archiv des Monschauer Geschichtsvereins

Bild 54: Konzessionsvergabe von Wilhelm Kuchem an Hubert Kuchem. Archiv Collete Rary

Bild 55 Kaufvertrag, Archiv Collete Rary

Bild 56: Schenkungsvertrag, Archiv Collete Rary

Bild 57: von links Helmut Esser, Hubert Ramers und Walter Teutenberg, Hubert Ramers, neben dem Eingang Praxisschild von Dr. L. Classen 1953, Archiv Hubert Ramers

Bild 58: Praxisschild, Archiv Hubert Ramers

Bild 59: Postkarte, Anfang 1960er Jahre nach dem Umbau (Eingang versetzt, Fremdenzimmer 1. Etage), Archiv Collete Rary

Bild 60: Mitte Emil und Katharina Rary, rechts Heinrich Jansen, Archiv Collete Rary

Bild 61: von links, Franzi Rary, Eleonore Dreuw, Franz Koch und Katharina Rary, Archiv Collete Rary

Bild 62: links sitzend Josef Fink, an der Wand Franz Josef Wirtz »Jimmy« und Katharina Rary, Archiv Collete Rary

Bild 63: Katharina Rary, Archiv Collete Rary

Bild 64: Thekenraum, Archiv Collete Rary

Bild 65: Erlaubnisschein der US-Army für Lina Ramers, Essen aus der Militärküche in die Gastwirtschaft zu bringen, zur Verteilung an Zweifaller Bürger, Archiv Hubert Ramers

Bild 66: Werbung aus 1952, Anzeige aus Zweifaller Festschriften

Bild 84: Postkarte 1965, Klaus Koch Verlag
Bild 85: Postkarte 1965, Klaus Koch Verlag
Bild 86: Postkarte 1955, Archiv Fam. Römgens
Bild 87 Ansicht, undatiert, Archiv Fam. Römgens
Bild 88: Frontansicht ca. 1990, Archiv Fam. Römgens
Bild 89: Rechnung vom 1.7.1884, Archiv Fam. Römgens
Bild 90: Werbeanzeige 1952, Festschrift Radfahrverein Fortuna
Bild 91: Werbeanzeige um 1975, Archiv Fam. Römgens
Bild 92: Werbeanzeige 1997, Archiv Fam. Römgens
Bild 93: Christiane und Peter Römgens, Archiv Fam. Römgens
Bild 94: Das »Brüsseler« Zimmer, Archiv Fam. Römgens
Bild 95: Das »Kaminzimmer«, Archiv Fam. Römgens
Bild 96: Der »Rosa Salon«, Archiv Fam. Römgens
Bild 97: Der »Blaue Salon«, Archiv Fam. Römgens
Bild 98: Der »Erker«, Archiv Fam. Römgens
Bild 99: In der Eingangshalle, Archiv Fam. Römgens
Bild 100: Hoteltrakt Juli 1975, Archiv Toni Christen
Bild 101: Rosi und Toni Christen, Archiv Toni Christen
Bild 102: Innenhofansicht 1987, Archiv Toni Christen
Bild 103: Grillbuffet Vorbereitung, Archiv Toni Christen
Bild 104: Hotelaufenthalt der Band »Silbermomd« 5.12.2006, Archiv Toni Christen
Bild 105: 2001, Archiv Toni Christen
Bild 106: Rolf Hansen
Bild 107: Gregor Gysi (PDS Fraktionsvorsitzender) 20.10.1994 Stolberger Zeitung, Andreas Schöner
Bild 108: Der Literat Stefan Heym und Gregor Gysi

bei der PDS-Tagung am 30.9.1998 Stolberger Zeitung, Text Michael Kremer, Foto Ralf Röger

Bild 109: Schwimmhalle und Wellnessbereich 1990 ,Archiv Toni Christen

Bild 110: Saunaruheraum, Archiv Toni Christen

Bild 111: Frontansicht 2020, Rolf Hansen

Bild 112: Innenhofansicht 2020, Rolf Hansen

Bild 113: Die Kegelbahn im Rochuskeller, Archiv Toni Christen

Bild 114: Restaurant »Lüttich« im Rochuskeller, Archiv Toni Christen

Bild 115: Im Restaurant, Archiv Toni Christen

Bild 116: Besuch des Formel 1 Rennstalls von Eddy Jordan 23.8.1997. Mit dem Hubschrauber eingeflogen, Fahrer Giancarlo Fisichella, Aachener Zeitung, Foto Ralf Röger

Bild 117: Innenaufnahme Appartment, Archiv Toni Christen

Bild 118: Appartment Archiv, Toni Christen

Bild 119: Juniorsuite Archiv, Toni Christen

Bild 120: Die Appartmenthäuser, Archiv Toni Christen

Bild 121: Ausschachten 1956, links Wim Rütten, mit der Schaufel Franz Kettenus, Archiv Franziska Heinen

Bild 122: Bauplan 29.9.1957, Archiv Familie Baumeister

Bild 123: Ausschnitt, Antragsdokument, Archiv Familie Baumeister

Bild 124: Bauantrag zum Anbau 20.9.1968, Archiv Familie Baumeister

Bild 125: Baugenehmigung zum Anbau 1969, Archiv Familie Baumeister

Bild 126: Postkarte ca. 1961, Archiv Wim Rütten (Jun.)

Bild 127: 1967/68 kaufte die Familie Schäffner das Anwesen, Archiv Familie Baumeister

Bild 128: Werbeanzeige 1962, Festschrift Fußball Jubiläum

Bild 129: Ansicht 2020, Rolf Hansen

Bild 130: Wilhelm Knorren 1967, Archiv Mario Müller

Bild 131: Johanna Knorren, Archiv Mario Müller

Bild 132: Oma Josephine Mommertz (Mutter von Johanna) und Renate Knorren, Archiv Mario Müller

Bild 133: Ansicht 1967, Archiv Mario Müller

Bild 134: Im Schankraum, Archiv Mario Müller

Bild 135: Im Schankraum, Archiv Mario Müller

Bild 136: Karneval, Archiv Mario Müller

Bild 137: Gemütliche Runde mit der Wirtin, Archiv Mario Müller

Bild 138: Erlaubnisschein für »Bierrestaurent«, Archiv Mario Müller

Bild 139: Archiv Mario Müller

Bild 140: Fortsetzung Bild 139, Archiv Mario Müller

Bild 141: Ansicht 2020, Rolf Hansen

Bild 142: Conchita, Hugo und Alfred Brandt 1927, Archiv Ralph Mertes

Bild 143: Das Haus mit Anbau rechts 1955, Archiv Ralph Mertes

Bild 144: Eheleute Mertes, Archiv Ralph Mertes

Bild 145: Stadtarchiv Stolberg

Bild 146: Um- und Anbau 1966, Archiv Ralph Mertes

Bild 147: Nach dem Umbau 1966, Archiv Ralph Mertes

Bild 148: Zeitungsartikel Stolberger Zeitung K. Ohst 1967

Bild 149: Postkarte ca. 1960, Stadtarchiv Monschau

Bild 150: Postkarte ca. 1968, Archiv Ralph Mertes

Bild 151: Werbeanzeige aus 1974, Anzeige aus Zweifaller Festschriften

Bild 152: Werbeanzeige aus 1997, Anzeige aus Zweifaller Festschriften

Bild 153: Ansicht 2020, ehemaliger Verkaufsstand, Rolf Hansen

Bild 154: Stolberger Zeitung 25.3.2017 Sarah Lena Gombert

Bild 155: Ansicht 2020, Rolf Hansen

Bild 156: Ansicht 2020, Rolf Hansen

Bild 157: Ansicht 2020, Rolf Hansen

Bild 158: Postkarte 1921, John. Kettenus Verlag

IG Unser Dorf
Zweifall e.V.
Arbeitskreis Geschichte
Ausgabe 1/2018

Geschichte des

**Rad-Touristen Club
»Fortuna Zweifall«**
gegründet 1904

1. Ausgabe unserer Reihe
- ausverkauft -
Bei ausreichendem Interesse und verbindlichen Vorbestellungen kann der Band nachgedruckt werden.

In den Beiträgen gemachte Aussagen geben ausschließlich die Meinung der Autoren wieder.

Die Idee zur Gründung des Vereins bzw. der Interessenge-meinschaft (IG) kam im Herbst 2016 bei der Restaurierung des Kriegerdenkmals auf. Richard Veeser, Michael Koch, Heinz-Gerd Braun und zahlreiche weitere Gründungsmitglieder wollten einen Verein zur Verschönerung und Werteerhaltung von Zweifall ins Leben rufen. Mit Hilfe des Rechtsanwalts Markus Jentgens wurde im Frühjahr 2017 ein eingetragener Verein gegründet. Der Vorstand besteht derzeit aus:

1. Vorsitzender Heinz-Gerd Braun
Stellvertretender Vorsitzender Andreas Nießen
Schriftführerin Melanie Bungenberg
Schatzmeisterin Claudia Neuß

Folgende Schwerpunkte der IG, bzw. des Vereins wurden unter verschiedenen Personen, die sich eigenständig um das jeweilige Thema kümmern, aufgeteilt: Geschichte - Denkmäler - Plattdeutsch - Wegerestaurierung - Sauberkeit im Ort - Verkehr.

IG Unser Dorf Zweifall e.V.
Arbeitskreis Geschichte
Ausgabe 2021

Die Zweifaller Geschäftswelt

Band 1 Grundversorgung
Heute und Gestern (1900 bis 2020)

2. Band unserer Reihe, kann im Buchhandel unter der ISBN: 978-3-75-571567-2 bestellt werden; es ist ebenfalls als eBook erschienen.

Impressum:

Titelbild: Postkarte (Archiv Fam. Römgens)
Titelgestaltung: Monique Römgens
Hintergrundbild: Quelle Pixabay
Satz und Layout: Monique Römgens,
Rolf Hansen, Peter Römgens
Herausgeber und © 2023:
IG Unser Dorf Zweifall e.V., Arbeitskreis Geschichte
Herstellung und Verlag: BoD – Books on Demand, Norderstedt

ISBN: 978-3-75-043382-3
Bibliografische Information der Deutschen Nationalbibliothek:
Die Deutsche Nationalbibliothek verzeichnet diese Publikation
in der Deutschen Nationalbibliografie; detaillierte bibliografische
Daten sind im Internet über dnb.dnb.de abrufbar.